MW01300088

CIERRA LA VENTA

Método y proceso para cerrar ventas y disparar tus resultados

SANTIAGO TORRE ESCUDERO

ISBN: 978-1976969560

Puede contactar con el autor en su

Página web: www.santiagotorre.com

email: info@santiagotorre.com

Redes sociales

www.linkedin.com/in/santiagotorrecoachempresa

www.facebook.com/santiago.torreescudero

www.twitter.com/santiagotorre (@santiagotorre)

1ª Edición enero de 2018

Agradecimientos

El primer agradecimiento va, como no puede ser de otro modo para Meritxell por su apoyo incondicional y ser partícipe sufriente de esta obra y todo el trabajo que implica.

También he quitado tiempo de dedicación a mis hijos Santiago, Patxo, Ignacio, Ana e Isabel para redactar el libro que ahora puedes leer y a los que quiero agradecer especialmente el mismo.

Quiero hacer una mención especial a los cuatro correctores técnicos de esta obra, que me han prestado una ayuda invalorable.

Cito por orden alfabético de sus nombres:

- **Manolo Vidal**, consultor de marketing y estrategia digital y el único consultor certificado por Linkedin en su herramienta Sales Solution en España.

- **Pedro Cerdán**, buen amigo, hombre de profundo conocimiento empresarial y primer presidente de Impulso Coaching de Negocios, con el que he compartido la génesis de esta obra en nuestros trotes matinales durante las vacaciones estivales.

- **Pedro Valladolid**, uno de los mejores vendedores que he conocido: con ilusión, fuerza, método y pasión. Una persona de acción y experiencia comercial y que siempre está ahí para lo que necesite.

- **Salvador Minguijón**, profesional de método, analítico y con una brutal orientación a la calidad y hacer las cosas como deben de hacerse y a quien guardo una gran admiración y, por qué no decirlo: envidia sana.

Cada uno me ha aportado su visión respecto a la parte técnica, que me ha permitido pulir y corregir ciertos aspectos que yo no había visto

Muchísimas gracias a los cuatro, que se pusieron a disposición, respetaron en tiempo y forma lo que les solicité y han ayudado con sus correcciones, tanto ortográficas, como de estilo y sus aportaciones a que este libro que te dispones a leer esté en tus manos bastante mejor de lo que llegó a las de ellos.

Muchas gracias.

Prólogo

Querido lector, tienes en tus manos un ejemplo típico del estilo literario de mi amigo y mentor Santiago.

Con su habitual maestría, claridad y sencillez nos ofrece la oportunidad de vivir las aventuras de un técnico que aterriza, y a veces se estrella, en el mundo comercial.

Os invito a recordar la imagen del lobo con piel de cordero de los cuentos infantiles. Pues bien, no os llevéis a engaño; este libro esconde, debajo de esta historia, un concienzudo compendio de las técnicas de planificación de los procesos de la venta.

Es apasionante ir descubriéndolas poco a poco, una vez que los sucesos que nos relatan nos han hecho entender la necesidad de las mismas. Este enfoque resulta muy didáctico y ameno y persigue facilitar la interiorización; Santiago quiere que "vivamos la experiencia", evitando así una exposición más descarnada que haría mucho más difícil su lectura.

Lo que probablemente para el lector no resultará tan obvio es lo siguiente; los protagonistas de esta historia no son la escasa docena de personajes a los que acompañamos en la lectura de la novela sino los cientos de comerciales con los que Santiago ha vivido éxitos y fracasos, riquezas y penurias, desesperación e ilusión.

Lo que cubre al lobo no es en este caso una simple piel de cordero, es un "patchwork" que Santiago ha ido tejiendo brillantemente con los casos más frecuentes que nos encontramos en nuestra profesión y de las pautas que empleamos para ayudarles a resolver sus dificultades.

Y todo esto esta aderezado por la pasión que Santiago siente por la empresa y su gestión, un microcosmos social que constituye el centro de su vocación, y con mucha, muchísima, generosidad, algo con lo que riega en todo lo que hace.

Estoy seguro de que Santiago lo que desearía es que esta lectura te sea útil; que se sirva para poner en práctica una o dos cosas que te ayuden en tu camino.

Yo, además, te deseo que la disfrutes y que ¡estés muy atento al lobo!

Salvador Minguijón

Tabla de contenido

El porqué de este libro y para quien

Es posible que te estés preguntado "y a mí, ¿qué?" o "¿qué me va a aportar leer este libro?" o incluso "¿Quién es este autor para merecer confianza?" o cuestiones similares. Intentaré aclarar estos puntos en los siguientes párrafos.

Es un libro que busca entretener y aportar ideas y conocimientos sobre cómo cerrar ventas con método, con proceso y no con fórmulas mágicas o trucos para llevar al cliente a una decisión que no sea buena para él.

Uno de los mayores miedos del comercial promedio es el cierre: se vuelve inseguro, duda, le asaltan los temores. Desde mi punto de vista se debe a la falta de formación específica para ello porque la que ha recibido se enfoca mucho más en técnicas que en método.

Cuando seguimos un proceso bien definido el cierre se simplifica de manera espectacular, se convierte en algo natural. No desaparecerá la obligación de pedir que te compren, pero será mucho menos violenta y, además, obtendremos muchas más veces el sí.

Por último ¿Para quién es este libro? Es para aquel que tenga relación con las ventas y es muy aprovechable para cualquier

a) Vendedor o comercial que quiera mejorar su ratio de cierre.

b) Propietario de pequeña o mediana empresa que tenga que enfrentarse a vender cada cierto tiempo

c) Profesional liberal que le toque convencer a un posible cliente que él o ella es la mejor opción o que, inclusive, tenga que salir a buscar clientes en alguna ocasión

d) Emprendedor que necesite bien buscar clientes rentables, bien buscar un inversor

e) Director comercial o jefe de ventas que tenga que acompañar a sus vendedores en operaciones especiales

Y, en resumidas cuentas, cualquiera que esté interesado en que vender sea algo más sencillo de lo que le es ahora.

No te arrepentirás de haber comprado, leído y trabajado este libro, te lo seguro.

No contiene fórmulas mágicas -no existen-, aunque si sigues lo que aquí te indico con tesón, trabajo y constancia, te aseguro que mejorarás de manera notable tus resultados de ventas.

Además de llevar vendiendo más de 30 años, en los últimos nueve años he ayudado a muchos vendedores, profesionales liberales y empresarios a mejorar sus ventas con las herramientas de las que hablo en el libro.

Seguro que hay más e incluso mejores, aunque quizá no sean tan prácticas. Ya sabes que la perfección es enemiga de la excelencia. Lo que aquí cuento y propongo funciona, es entendible por cualquiera que esté frente a un cliente, sin teorías complejas ni sesudos análisis. Espero que disfrutes del libro.

Por cierto, si quieres conocer opiniones sobre asistentes a mis formaciones sobre ventas para vendedores, puedes acceder al siguiente enlace de la red social Linkedin: http://bit.ly/2BVNRF6

Introducción

Imaginémonos una tienda grande en el centro de cualquier ciudad, en pleno meollo de la actividad comercial.

Un establecimiento con 20 vendedores. Todos en igualdad de condiciones en cuanto a horario, secciones, atención a los clientes que entran por la puerta, etc. Lógicamente la ubicación es la misma, los productos también, al igual que los encargados y responsables del punto de venta.

¿Crees que todos venderán lo mismo?

La respuesta que habrás dado es un rotundo "no".

No todos venderán lo mismo. Es más, seguramente existan diferencias significativas en sus cifras de ventas. Lo mismo sucedería si hablamos de una sucursal de una compañía de seguros o un banco o inclusive un restaurante.

La diferencia fundamental en la venta la marcan las personas. Así, hay quien con un producto fantástico consigue resultados mediocres y quien hace exactamente lo opuesto.

Es cierto que la imagen de la empresa, cómo tiene decorado el establecimiento, los productos que comercializa, su política de precios, etc. tienen importancia, pero muchas veces las empresas se centran solo en ello olvidándose de lo que marca la verdadera diferencia: su fuerza de ventas (para los que estén pensando que hay otros puestos también muy importantes, aclarar que considero que todos somos vendedores, todos somos fuerza de ventas, desde quien abre la puerta a quien embala el paquete pasando por todos los demás).

Muchos propietarios cuando abren un establecimiento, por ejemplo, de hostelería, contratan a un buen decorador, no escatiman en los elementos de diseño y realizan una inversión muy importante para tener su local impecable, atractivo al máximo. Es correcto y necesario hacerlo así. El problema es cuando no dejas una partida de ese presupuesto para trabajar sobre quien va a marcar la diferencia: el personal.

Supongamos ese local de hostelería que hemos comentado. Pensemos en una inversión importante para el mismo. Digamos 600.000 €. Está impecable, precioso y muy atractivo para el día de la inauguración, pero el inversionista ha dedicado todo su presupuesto al local. No ha dejado nada para dos aspectos fundamentales en el arranque de cualquier negocio: promoción y atención al cliente.

Ahora supongamos otro local, cercano al anterior, con el mismo capital de inversión. En este caso destinan el 2 % del mismo a promoción y otro 2 % a formación y seguimiento de las primeras semanas. Así tendríamos un local en el que hemos invertido 576.000 € en el mismo.

Seguramente no estará tan perfecto como el que hemos hablado antes, aunque quizá la diferencia no sea tan importante si hemos sabido elegir bien los materiales, mobiliario y otros enseres. En contrapartida disponemos de dinero para la promoción y conseguir que los clientes objetivo que nos hemos marcado vengan a probarlo. Cuando lo hagan se encontrarán con personas que han sido formadas en el modelo de negocio y en cómo ofrecer el mejor servicio posible. Así mismo disponemos de encargados especialistas que se preocupan de que en estas primeras semanas todo ruede de acuerdo con el plan establecido, de que el servicio sea impecable en todo momento.

Lo más importante para un local de esas características es el arranque. Conseguir que los clientes vengan y se lleven una excelente primera impresión para que repitan y lo informen a sus conocidos.

¿Cual creéis que tendrá mejor resultado?

De nuevo habréis dado una respuesta unánime: "el segundo".

Y, como dicen los vendedores de los canales de “teletienda”: "aún hay más", si conseguimos que esas primeras semanas se haga todo correcto, con una formación previa de calidad y con un seguimiento sobre la actividad por especialistas, eso quedará y formará parte de la cultura del local.

Si los trabajadores trabajan impecablemente las primeras semanas adquirirán el hábito de hacerlo de ese modo y continuarán con el mismo mucho tiempo. Es cierto que periódicamente habrá que reforzarlo, pero esto quedará ahí, y cualquier nueva incorporación se habituará rápidamente a ello ya que sencillamente copiará lo que los demás hagan.

Vemos que la parte no tangible del negocio es la que marca la diferencia y que, desgraciadamente, muchas veces no ven los propietarios de los mismos y destinan toda su capacidad inversora al inmovilizado material, a las mesas, las sillas y las lámparas, olvidándose del aspecto que generará la verdadera diferencia: su gente.

Habrá quien esté pensando que esto no va con él o con ella, que no va a montar nunca un local de hostelería. Seguramente será así en más del 99 % de los lectores. He comenzado con esta situación para dejar clara la importancia de las personas sobre los bienes y cómo tenemos que definir qué es lo que queremos que pase y cómo nos aseguramos de que así suceda.

En la venta ocurre lo mismo. Muchas veces nos fijamos en lo tangible: resultados, y obviamos lo que nos lleva a ello, que no es otra cosa que definir qué es lo que hay que hacer y asegurarnos de que se haga.

Vender es un proceso, no un acto aislado. Todo lo que hagamos afecta al resultado final. El cierre de la venta comienza incluso antes del primer contacto con el posible cliente. De ello vamos a hablar en esta obra, de trabajar en lo que realmente marcará la diferencia, en lo que realmente importa.

Vamos a ir paso a paso definiendo y explicando cómo tiene que ser todo el proceso de ventas.

El lector observará en su propia experiencia, en su día a día, como cuando lo sigue, las circunstancias varían: como las objeciones desaparecen o se minimizan, cómo la relación con el cliente mejora.

Cuando el proceso es correcto y cuando destinamos los recursos necesarios al mismo, los resultados mejoran. Eso es lo que vamos a ver en esta obra. Sácale partido.

Capítulo 1 - A por ellos

"¿Está claro?, ¿tienes alguna duda?"

Le dijo don Jaime a Miguel, que estaba con ojos abiertos, mirada arriba, cuello encogido y cabeza ligeramente ladeada, un gesto que cualquiera que tenga algo de conocimiento de comunicación no verbal entiende perfectamente, pero que don Jaime no captó.

"A trabajar, entonces",

Sentenció satisfecho el dueño de la compañía, a la vez que se daba la vuelta y dejaba solo a Miguel, que estaba aturdido.

Acababa de conseguir el puesto de comercial en la compañía de don Jaime. Llegaba con mucha ilusión, que se había transformado en desconcierto tras sus primeras dos horas en la empresa, ya que habían consistido en una visita rápida por las instalaciones, presentación a la carrera de las personas con las que se habían cruzado y promesas de que en breve tendría tarjetas, móvil y un ordenador.

Se sentó en la mesa que le habían asignado, pensativo, dubitativo, sin tener muy claro qué es lo que tenía que hacer. Para este primer día esperaba una acogida diferente.

¿Te has encontrado alguna vez en una situación similar? ¿Cómo te sentiste?

Si lo has vivido, creo que empatizarás con Miguel: te mandan a pelear en la guerra de Vietnam y como arma te ofrecen un sacacorchos. Si tuvieras que apostar, lo harías en tu contra.

¿Cómo reaccionaste? ¿Qué hiciste?

Te voy a relatar lo que hizo Miguel y cómo se enfrentó a la situación.

En ese momento, le vino a la memoria una frase que escuchó en una conferencia unos años atrás, que decía:

"la vida nos da las cartas y nosotros decidimos como las jugamos"

y se dijo a sí mismo:

"Este es un trabajo que me encanta, esta empresa tiene futuro y me veo aquí disfrutando por mucho tiempo, no me voy a rendir por una situación incómoda, así que, a echarle dos narices a la vida y a por ello".

A la vez que se levantaba y preguntaba por el director de producción.

Le indicaron donde estaba y hacia allí se fue a pedirle que le enseñara el proceso productivo y cómo funcionaban.

Aquello le tomó toda la mañana, aunque acabó entendiendo qué es lo que hacían en la planta, cómo era la fabricación, cuáles eran las actividades clave de la misma y las mayores quejas desde ese departamento al de ventas. Además, hizo una cierta amistad con el director de producción y alguno de los encargados de sección.

Empleó el resto del día en ir asimilando esa información y poner por escrito sus impresiones del producto, del proceso y de las personas que había conocido.

Una vez tuvo todo eso claro se acercó a don Jaime, se lo contó y él pidió permiso para, al día siguiente, continuar conociendo algo más de la empresa.

Lo cierto es que don Jaime no comprendía lo que pretendía Miguel, pero como estaba muy liado y, por qué no decirlo, sorprendido, en vez de decir lo que otras veces hubiera dicho y que le salía de las tripas - *"déjate de perder el tiempo y a vender"* – le dijo,

"está bien, confío en ti, pero quiero resultados".

"los tendrá, aunque déjeme unos días para que me vaya asentando", contestó Miguel.

La postura de don Jaime es bastante más habitual de lo que parece, sobre todo en las pequeñas empresas. Si queremos crecer consistentemente hay que comenzar por la parte comercial, que es el motor de la organización, es lo que nos va a aportar ese crecimiento.

Si contratas comerciales para tu organización, asegúrate de tener disponible y preparado antes de su incorporación:

- La infraestructura que necesitará (tarjetas, móvil, ordenador, puesto de trabajo...).

- Una presentación de lo que es la empresa y que se espera de él.

- Un plan de acogida completo y calendarizado.

- Una explicación de la visión, misión y valores.

- Un recorrido completo por las instalaciones.

- Un manual de normas de funcionamiento y de seguridad.

- Una charla con los responsables de las distintas áreas.

- Material de apoyo para la labor de ventas que tendrá que realizar.

- Una explicación de producto, mercado, posicionamiento y clientes.

Te aseguro que su primera impresión será inmejorable y que la satisfacción y el rendimiento, tanto inicial como a corto y medio plazo será infinitamente mayor que si no lo haces así.

Un buen plan de acogida consigue que los vendedores recién incorporados a una empresa alcancen mucho antes su rendimiento óptimo

---

Capítulo 2 - O aceleras o te la pegas

Tras ese primer día, diferente a lo que esperaba, y en donde no se le hizo mucho caso, Miguel tenía claro que no se iba a rendir tan fácilmente, aunque según llegó a la oficina, recibió un aviso que don Jaime había dejado para él. Gema, la recepcionista le entregó una nota que se había encontrado encima de su mesa

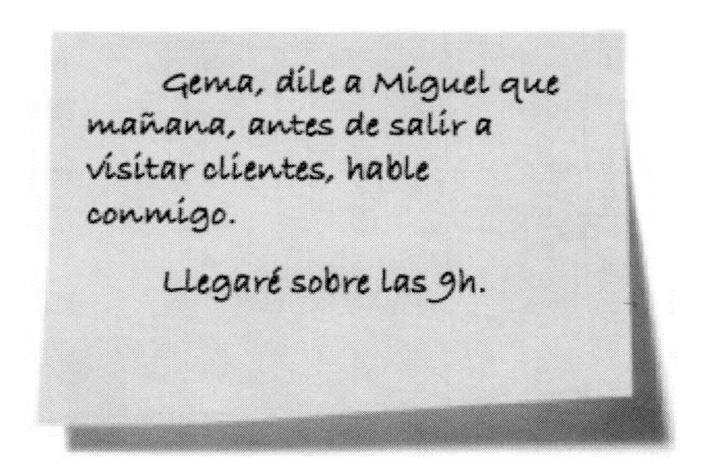

Aquello no se lo esperaba, de hecho, tampoco tenía previsto salir a visitar clientes ese día,

¡¿cómo iba a hacerlo si no tenía ni idea de producto ni contaba con tarjetas, móvil ni sabía quién era cliente y quién no?!

Esta situación, por desgracia, se da en muchas empresas, pequeñas, sobre todo, y no tan pequeñas, en donde se "echa" al comercial a los leones sin base alguna y con escasas probabilidades de sobrevivir. Las consecuencias no son positivas para ese nuevo vendedor, pero son nefastas para la compañía en forma de dinero (coste laboral y gastos) e imagen.

La verdad es que hoy, visto con el tiempo que dan los años y la experiencia, hay que reconocer el mérito de muchos comerciales que han sido capaces de sacar adelante retos complicados: jefes que ni sabían lo que querían (aparte de que vendas como un campeón, con medios que no son ni cuartos, consumiendo frugalmente, sin dar guerra y todo, a ser posible, para fin de mes), productos invendibles, sin posicionamiento de marca y con una palmada en la espalda y un "a por ellos" como herramienta principal de generación de ilusión.

Miguel se encontraba en una de esas situaciones. A sus 32 años ya había tenido experiencias comerciales. Realmente a esa edad ya había vivido mucho y no todo de "color de rosa". Era el pequeño de tres hermanos. Los dos mayores, la parejita, vinieron seguidos, con apenas 14 meses de diferencia, se llevaban muy bien. Él apareció de manera inesperada casi catorce años después, con sus padres sobrepasando los 40. Además, estudiaron en otra ciudad, con lo que él tenía el sentimiento de ser hijo único. Más que hermanos, para él eran tíos.

Aprovechó el tiempo que tenía hasta la llegada de don Jaime en volver a fábrica y preguntar alguna duda que le había surgido sobre lo que vio el día anterior, además, de para bromear un poco con uno de los encargados cuyo equipo de futbol había perdido el día anterior.

A las 9 en punto ya estaba dispuesto para hablar con el propietario, quien llegó con puntualidad británica

"Ayer, al final no me quedó muy claro qué hiciste y qué era lo que querías hacer hoy. No sé si eres consciente de que lo que tienes que hacer es vender",

Dijo don Jaime, como habitualmente lo hace él: claro, directo y al grano.

"Don Jaime, lo tengo clarísimo", contestó Miguel, *"pero entienda que antes de poder salir a hacerlo necesito conocer muy bien qué es lo que vendemos, a quién, por qué nos compran y algunos aspectos más de la empresa".*

Tras decir esto, observó en la comunicación no verbal de don Jaime un alto malestar e impaciencia, por lo que rápidamente prosiguió.

"Mire, le aseguro que voy a obtener resultados, pero tiene que dejarme que me entere bien de donde piso, de otro modo quizá no lo haga bien y puedo perjudicar la imagen de su empresa, y eso es lo último que quiero porque voy a vivir de ella muchos años".

"Eso nunca, la imagen nos ha costado mucho tenerla, es sagrada", afirmó don Jaime.

"Lo sé, don Jaime, por eso me gusta actuar con cautela los primeros días".

Aquellas palabras tranquilizaron algo a don Jaime, que se reclinó en su silla, relajó su tono y preguntó,

"¿Qué es lo que necesitas entonces?" preguntó más tranquilo el propietario.

"Mire, don Jaime, mi padre suele decir que el éxito en la vida depende del trabajo duro y que, en ventas, el comienzo es esencial, él lo compara con el despegue de un avión.

Cuando un avión entra en cabecera de pista para despegar, y le dan la autorización, acelera al máximo, debe de alcanzar una velocidad determinada. Si solo aceleras el avión al 80 o 90 por ciento, nunca alcanzarás la velocidad de despegue. Te quedarás en tierra hasta que se te acabe la pista y colisiones.

En ventas, dice él, sucede lo mismo, muchas personas no aceleran al máximo al principio y no consiguen despegar. No quiero ser una de ellas. Quiero despegar, quiero salir a la calle al 100 % y una vez en el cielo, estableceré mi velocidad de crucero para conseguir las mayores ventas, por eso le pido que me deje prepararme bien para el despegue".

"Nunca había oído nada igual, pero acepto lo que dices. Espero que sepas lo que haces, no tengo mucha paciencia, quiero resultados rápido, ¿qué necesitas entonces?", volvió a preguntar, esta vez con un tono más impaciente.

"Lo primero que necesito es que me cuente usted en qué somos realmente buenos", solicitó Miguel *"... mejor aún, me gustaría hablarlo con usted y con alguna persona más de la empresa, ¿me da usted permiso para dedicar la mañana a eso?".*

"Pregunta lo que quieras y luego puedes hablar con Luisa y Antonio, llevan aquí toda la vida, empezaron conmigo y conocen bien la empresa" sentenció, poniéndose a disposición de su nuevo comercial.

Así consiguió Miguel el compromiso y disposición de ayuda de don Jaime, así como la autorización para preguntar por el siguiente paso que le interesaba mucho: saber en qué era buena la empresa, en qué fortaleza podía basarse para diferenciarse y buscar oportunidades sobre ella. A ello dedicó la mañana y preparó los planes para la tarde.

No estaba siendo un comienzo fácil, pensó Miguel. Tendría que haber preguntado por todo esto en las entrevistas de trabajo. Él tenía claro lo que necesitaba, pero se encontraba con muchas pegas. De todos modos, continuaría aprendiendo en los próximos días, en esas condiciones no podía salir a vender.

En ventas, al igual que en un avión, o aceleras al máximo y despegas, o te la pegas.

Capítulo 3 - Que salgas a vender

Una vez que Miguel se había aclarado sobre qué producían y cómo y en qué eran realmente buenos, para poder basar en ello la diferencia, este siguió en su proceso de preparación para salir a vender.

Es algo que la empresa debe de proporcionar si quiere resultados comerciales. En este caso, no existía, pero Miguel sabía que era imprescindible y se "pegaba" con don Jaime para que se lo permitiera.

Don Jaime, por las preguntas de Miguel, y por lo que le contaban las personas con las que se reunía su nuevo comercial, a las que siempre interrogaba después, comenzaba a ser consciente de que su nueva incorporación no iba desencaminada y que estaba haciendo un buen trabajo, no el que él quería (que, recordémoslo, era salir a vender), pero eso no significaba que le iba a dejar sin controlar:

"*Muy buenos días, Miguel*", le dijo don Jaime, según le vio entrar el tercer día de trabajo, "*me gustaría hablar contigo unos minutos. Ven a mi despacho*".

Miguel, le pidió que le permitiera dejar la chaqueta en el perchero e indicó que acudía inmediatamente.

"*Has estado hablando con un montón de gente y todavía no has salido a vender, ¿piensas hacerlo algún día o solo vas a hablar?*", soltó a bocajarro con cierto tono de exigencia.

"*Don Jaime, le ruego que tenga un poco de paciencia, quiero ser lo más rentable para esta empresa y necesito una serie de datos que no tengo. De verdad que sé lo que hago y que vamos a obtener rendimiento*", se defendió Miguel.

"*¿Cuándo piensas salir a vender? ¿Qué es lo que vas a hacer antes exactamente?*", preguntó secamente el jefe.

"Don Jaime, en estos momentos creo que tengo claro lo que vendemos y lo que puedo prometer y lo que no, también conozco en lo que somos buenos, que será en lo que me apoye a la hora de buscar clientes. Me gustaría definir quien es el cliente ideal, qué es lo que valora, donde está, cual es el mejor modo de contactar con él y, sobre todo, qué beneficios le van a aportar trabajar con nosotros. Cuando lo tenga, prepararé un proceso de ventas y comenzaré a salir a vender".

"Y eso, ¿Cuándo va a ser? No soy muy paciente".

"Este es mi tercer día aquí, ¿me permitiría estar en la oficina esta semana? Y ya, la que viene, el lunes o a lo más tardar el martes, comienzo la labor de campo, empiezo a concertar entrevistas y salgo a vender".

"Espero que sepas lo que haces, la semana que viene quiero ya algún resultado".

Acabó la conversación con don Jaime. No era lo que esperaba Miguel, sentía presión, hubiera preferido algo más de cercanía y comprensión. Aún quedaban unos días más de preparación y el lunes tenía que empezar a conseguir resultados, bien en forma de pedidos, bien en forma de visitas interesantes. No había mucho margen.

Para no tener que competir por precio y poder salir a la calle con garantías, además de lo que ya había hecho, necesitaba dar los siguientes pasos:

1) Identificar quien es el cliente ideal.

2) Definir los beneficios de trabajar con la empresa de Miguel.

3) Establecer procesos de ventas para los diferentes productos y mercados.

4) Seleccionar las estrategias de prospección adecuadas para cada uno de ellos.

5) Ponerse en marcha inmediatamente.

El tiempo era escaso, había que moverse rápido.

Fue a su puesto de trabajo, imprimió un documento sobre cómo reflexionar sobre el cliente ideal y se dirigió con él a preguntar a los responsables de administración, logística y producción. Una vez lo tuviera debía contrastarlo con don Jaime.

El cliente ideal es aquel que nos compra porque valora en lo que somos buenos y no porque somos los únicos o los más baratos

---

Capítulo 4 - Lo que alquilar tu casa te puede enseñar

A pesar de las reticencias y la necesidad de don Jaime de obtener resultados, Miguel estaba contento, satisfecho con lo que hacía. Solo había un punto que le incomodaba, vivía muy lejos de su nuevo trabajo y ello le suponía mucha distancia de trayecto cada día.

Tenía su casa comprada no hace mucho y era consciente de que vender no era la mejor opción, aunque tampoco estaba dispuesto a "comerse" todos esos kilómetros de coche todos los días. También era cierto que esa casa no le traía los mejores recuerdos.

Tras morir su madre, poco después de acabar él su diplomatura en ciencias empresariales, su padre decidió vender el piso en el que él se había criado e irse a vivir al sur de España, a un apartamento que tenía en una zona de playa y con clima placentero todo el año, la Florida de Europa. Para evitar problemas y disputas con la herencia, que no es que los esperara, pero era de los de "mejor prevenir", hizo cuatro partes de lo que recibió con la transacción, él se quedó con una y cada uno de los tres hermanos con uno de los cuartos.

Miguel tenía la opción de ir al sur con su padre o quedarse en su ciudad natal. Eligió lo segundo. Con su parte compró un pequeño apartamento, que, si bien no lo podía pagar entero, sí que el pago de la hipoteca que le quedaba era asumible hasta para un chico menor de 30 años. Además, María, su pareja siempre podría echarle una mano si fuera necesario.

Así sucedió, aunque al cabo de poco más de dos años, esa mano fue al cuello. Trabajaban juntos. Él era comercial, ella se encargaba de la comunicación de la empresa. Vivían en el apartamento de Miguel hasta que ella decidió que el del jefe de ambos tenía vistas más agradables y estaba mejor situado, decidiendo mudarse allí, para desgracia personal y laboral de Miguel, al que no le apetecía trabajar un día más en esa empresa y con esa situación, motivo por el que había cambiado de trabajo.

Decidió alquilarla y con el importe obtenido arrendar él a su vez una cerca de su nuevo trabajo.

"Manos a la obra. Primero alquilar la mía y luego buscar otra, es lo más prudente", se dijo.

Llamó a una inmobiliaria de la zona y esta le informó de que para poder coger la casa tenía que dársela en exclusiva.

"Hay unos gastos, además, la anunciamos en el periódico y necesitamos tenerla en exclusiva, de otro modo no la trabajamos", le dijeron.

La respuesta no le gustó nada, ya que si no lo conseguían estaba atado de pies y manos.

Llamó a otras y obtuvo la misma respuesta, así que concertó visitas con 3 de ellas que pasarían por la casa, la verían y confirmarían si el alquiler que Miguel quería cobrar era razonable o no.

Pasó la persona de la primera inmobiliaria, le indicó que el precio era correcto y le dijo que conseguirían alquilarla rápido porque

"Llevamos 20 años alquilando casas en esta zona".

Lo cierto es que aquella afirmación contundente le sonó bien a Miguel, eran experimentados. No firmó el contrato porque había quedado esa misma tarde con otras dos personas y, aunque solo fuera por deferencia, quería estar con ellas.

La persona de la segunda inmobiliaria era, físicamente igual que la primera, de hecho, parecían gemelos -ya iba a ser casualidad-. Hizo la misma apreciación en cuanto al precio y dijo

"Llevamos 20 años alquilando casas en esta zona y gracias a ello tenemos una agenda de contactos muy amplia, por lo que seguro que lo alquilamos rápido y al precio que pides".

Uffff, aquello le gustó mucho más, menos mal que no había apalabrado con la primera. además, de una gran experiencia, una amplia base de contactos. Esta sí que sí.

De nuevo por deferencia, porque la decisión estaba ya tomada, le indicó que vería a la tercera inmobiliaria, que casualmente, físicamente era igual que las otras dos –*"mira tú que son trillizos y me tienen que tocar a mí"*, pensó-.

En esta ocasión el discurso fue parecido, aunque su posicionamiento final fue el siguiente:

"Llevamos 20 años alquilando casas en esta zona y ello hace que tengamos una amplia base de contactos, gracias a lo que vamos a traer rápidamente a todos los que conocemos que pueden estar interesados en alquilar esta casa; de hecho, a los primeros les vamos a pedir algo más de alquiler. En los primeros 30 días pasarán todos los que conocemos. Si no la hemos alquilado para entonces, liberaremos la exclusividad".

¿Podéis adivinar con quien firmó Miguel? Apuesto a que sí.

La diferencia de discurso era de apenas 2 segundos de la primera inmobiliaria a la segunda y otros 3 o 4 segundos más en la tercera, pero la persuasión se multiplicaba exponencialmente en ese tiempo.

Seguramente las 3 harían el mismo trabajo, pero no lo transmitieron igual. Seguramente querían decir lo mismo, pero no lo dijeron igual. Seguramente las 3 son idéntica opción, pero no lo parecieron igual.

Muchas veces cuando nos parece que el precio es la única motivación de compra en nuestro mercado es porque no hemos sabido transmitir esa diferencia, porque alguien se ha explicado mejor que nosotros, ¿Por qué es mejor comercial? ¿Por qué es más listo? ¿Por qué ha estado más vivo? No, porque lo ha trabajado previamente, ha preparado su discurso, lo ha ensayado, lo ha entrenado y lo ha practicado muchas veces y por eso le sale natural y obtiene muchas más ventas a pesar de que casi nunca sea el más barato.

A Miguel se le abrieron los ojos con esas entrevistas con las inmobiliarias. Tenía que poner en práctica eso de inmediato. Tenía que trabajar en identificar sus beneficios y cómo transmitirlos en la entrevista de ventas. Su ilusión, motivación y deseo de trabajar se multiplicaron de manera increíble.

Y en tu caso, ¿tienes claro cuáles son los beneficios que aportas? ¿los sabes transmitir? ¿lo haces?

La primera vez puede parecer muy complejo, pero te aseguro que no lo es tanto. De todos modos, si te da miedo, pereza o inseguridad enfrentarte a un papel en blanco, déjate ayudar. Merece la pena.

Trabajar y entrenar tu cierre de operaciones basado en beneficios multiplicará tus resultados de ventas

---

Capítulo 5 - Lo primero son los clientes

Miguel llevaba ya unos días en la empresa. Empezaba a sentirse cómodo en la misma, a la vez que presionado. Don Jaime quería resultados inmediatos, pero él sabía que estaba haciendo lo correcto. Salir a vender sin preparación no era más que correr sin sentido. Trabajar como "pollo sin cabeza" al final lleva a mucho esfuerzo y poco resultado.

En estos momentos conocía qué vendían y en qué eran buenos. Había definido al cliente ideal, aquel que estuviera dispuesto a pagar un diferencial de precio si se le ofrecía algo diferente. Tenía claro que tenía que vender beneficios en vez de productos y había definido y entrenado sus argumentos de ventas y respuestas a las preguntas de los clientes. Ahora tocaba ponerlos en práctica.

El último paso que necesitaba para salir a la calle era preparar un proceso de ventas adecuado a lo que había realizado. En cuanto comenzara don Jaime dejaría de estar nervioso.

El mejor resultado suele estar en lo más cercano.

Dado que la empresa llevaba muchos años funcionando, tenía una amplia base de clientes, empresas con las que habían hecho transacciones en el pasado. Miguel entendió que la forma más rápida de conseguir resultados era contactar con compañías de las que tenían datos e incluso contactos.

Habló con el departamento de proceso de datos. Le pidió que le facilitase en Excel un listado de ventas de los últimos cuatro ejercicios. Para su asombro no le pusieron pegas ni le dijeron que pedía la luna o que eso era muy complicado. Sencillamente le dijeron:

"Es información confidencial, pido permiso a don Jaime y lo preparo"

En menos de diez minutos le llamaron y le dijeron que le enviaban una hoja Excel con cuatro pestañas, una por ejercicio y que, si necesitaba algo más, que estaban para ayudarle (¿por qué tendrán esa mala fama los de proceso de datos? ☺)

No se lo podía creer. Tenía todo lo que había pedido de forma rápida y eficaz.

Inmediatamente se puso a trabajar en el fichero. Observó que había unas ciento ochenta empresas que habían comprado en 2014, pero no lo habían hecho ni en 2015, ni en el 2016 ni en lo que había transcurrido de 2017.

Adicionalmente, encontró casi ciento treinta que compraron en el 15, pero no en el 16 o 17 y otras casi 100 que compraron el año anterior, aunque este todavía no habían hecho pedido alguno.

"Uffff" se dijo a sí mismo, "una base de datos de casi 400 empresas sobre las que trabajar de forma inmediata. BIIIIEEEEEEN. Algunas habrán cerrado, pero seguro que muchas siguen en activo. A por ellas".

Preparó un listado en Excel de esas empresas y lo envió de nuevo a Juan, el de proceso de datos, que se había ganado una caña el viernes, solicitando ampliar datos de los mismos

"A ver si se gana el pincho", pensó Miguel, mientras solicitaba que le enviara información más detallada.

En pocos minutos recibió un mensaje electrónico de vuelta con los datos de esas 400 empresas. Allí tenía dirección, teléfono, mail, persona de contacto y fecha de última compra. Juan se había ganado caña y pincho no solo del viernes, sino de todos los viernes del mes.

Miguel ya tenía definido el proceso de venta para esos clientes:

1. Les enviaría un correo electrónico comunicando que se había incorporado a la empresa, que había visto que fueron clientes en el pasado, que le gustaría retomar el contacto y que en las siguientes 24 horas les llamaría para intentar concertar una entrevista.

2. Haría un primer envío de 25 correos para ver la respuesta y cuantas citas podía concertar. Eligió los destinatarios por lejanía en el tiempo de compra y luego por cercanía geográfica.

3. Una vez consiguiera la cita se presentaría con el objetivo de obtener información de esa empresa, conocer si siguen comprando producto y a quien y pedir un nuevo voto de confianza para poder hacer una oferta concreta a sus necesidades actuales.

Le dio un subidón tremendo. Su motivación se disparaba por momentos. Estaba deseando que llegara el momento de coger el teléfono y concertar las primeras citas (¿Te has sentido tú alguna vez así? Si eres comercial y no lo has hecho quizá debes de replantearte si no te has confundido de profesión o si estás en el lugar adecuado).

Era el momento de preparar el mail, se dijo, y se puso a realizarlo con mimo. Esa misma tarde enviaría los 25 correos previstos.

Así lo hizo. Preparó una plantilla y personalizó cada envío con el nombre del contacto y la fecha de la última compra. Los fue enviando de uno en uno (con muchísimo cuidado del traidor "copia y pega").

Una vez acabó, sonrió sentado en su silla, dejó caer los brazos lateralmente, a la vez que llevaba la cabeza atrás y dejaba salir aire por su boca entreabierta mientras estaba henchido de satisfacción (de nuevo, ¿alguna vez has hecho eso? Hazlo y mantén la sonrisa 10 segundos, verás cómo tu energía sube y tu satisfacción y motivación también).

Se fue a su casa muy ilusionado y deseoso de que llegara el día siguiente para ver las respuestas. Sabía que esa noche le tocaría dormir poco, como siempre que tenía incertidumbre, pero estaba convencido de que los resultados llegarían muy pronto.

Si necesitas resultados rápidos recuperar antiguos clientes suele ser la opción más adecuada

---

Capítulo 6 - Primera visita concertada

Miguel no había podido pegar ojo en toda la noche, aunque no le importaba, se había levantado con energía e ilusión. Llegó a la oficina antes que nunca y no podía esperar para ver los resultados de sus envíos del mail del día anterior. Tendría que hablar con Juan, el de proceso de datos, para ver si podía tener correo electrónico en el teléfono.

Llegó a la empresa, saludó en recepción y acudió raudo a su sitio, realmente ansioso de ver el resultado.

Los comerciales somos optimistas por naturaleza y él esperaba resultados excepcionales.

Abrió su gestor de correo y se llevó una decepción. En su fuero interno ansiaba tener varias respuestas positivas. Quería que varias personas le dijeran directamente que les visitara, sin embargo, no fue así.

Tenía bastantes mensajes de que el correo no había llegado a su destinatario. Decepción. Llamó a Juan, que lo analizó con él y encontraron:

8 casos de dominio incorrecto (suele ser señal de cierre de la empresa).

5 casos de "buzón desconocido" (suele ser señal de que esa persona ya no trabaja allí o de que han cambiado la política de denominación de buzones).

3 casos de "buzón lleno".

1 respuesta de una persona diciendo que ya no se ocupa de esos temas, pero sin indicar a quien debía dirigirse.

A grandes males, grandes remedios. Una vez asumida la decepción inicial, Miguel vio el lado positivo: había 8 correos que podían ser buenos. Como era temprano decidió preparar los envíos de ese día. Volvió a seleccionar 25 empresas y realizó el mismo proceso que el día anterior.

Cuando acabó con ello, se levantó y salió de su despacho.

"Ahora vuelvo", dijo en recepción mientras enfilaba por la puerta.

Se tomó cinco minutos de descanso y meditación. Bajó a la calle, paseó y se concentró en los contactos telefónicos que iba a realizar. Visualizó mentalmente el guion de llamada que había preparado y se convenció de que conseguiría cinco citas comerciales.

Subió, repasó el guion impreso para asegurarse de hacer una llamada profesional y de que no se le olvidara comentar nada. Tomó el teléfono y llamó.

Este paso es tremendamente importante. Realizar llamadas comerciales no es sencillo. Debemos estar centrados y, sobre todo, debemos tener muy claro que vamos a decir. No hay que improvisar, o al menos, no en la introducción.

Y tú, ¿tienes escrito tu guion de llamada comercial o lo improvisas cada vez?

Realizó la primera llamada, aunque no consiguió contactar. *"Está reunido"*, le dijeron. Se lo apuntó para intentarlo en una hora.

En la segunda llamada obtuvo un *"está de viaje"*, en la tercera un *"Ahora no le veo"* y en la cuarta *"estamos de auditoría de calidad"*.

No había empezado muy bien el día. Tenía 8 llamadas que hacer y en las cuatro primeras había "pinchado en hueso".

¿Te suena familiar? (Si eres vendedor seguro que mucho) ¿te has desanimado? No lo hagas. Conociendo tus números, sabrás que estarás más cerca de tu objetivo, si no los conoces, empieza a registrarlos ahora mismo.

Si trabajas bien, el resultado llega. En la quinta y sexta llamada tampoco tuvo suerte. No contactó con la persona adecuada, pero en la séptima dio con ello y CONSIGUIÓ SU PRIMERA CITA COMERCIAL. No era muy esperanzadora ya que le había dicho que ahora estaban muy bien cubiertos, pero que por supuesto que le recibía y escuchaba lo que le quería contar.

Subidón de adrenalina.

Hizo la octava llamada y en esta ocasión obtuvo un *"ya no consumimos esos productos"*.

Tenía una cita y eso le dio fuerzas para repetir las llamadas que había realizado minutos atrás y no había conseguido contactar, así como las de buzón lleno y buzón desconocido.

Al final del día había conseguido otra cita más y un "llámame la semana que viene y cerramos la visita". además, había pulido la base de datos y tenía nuevos nombres de contacto.

No había sido la jornada que esperaba, pero ya comenzaba a generar actividad. "Forzó" un "encuentro casual" con don Jaime cuando este venía de fábrica.

"Hombre Miguel, ¿Cómo estás? ¿Has conseguido ya tu primer pedido?", le dijo él.

"El lunes lo conseguiré", contestó él muy seguro y le relató de forma breve lo que había hecho.

"Me gusta. Veo que tienes arranque. Si necesitas algo, dímelo y lo que es más importante, mañana consigue tu primer pedido. Llámame cuando lo tengas", sentenció su jefe.

No planificamos para acertar, sino para analizar por qué no lo hemos hecho.

Muchas veces he oído *"para qué voy a planificar si en mi negocio / en este momento / con esta crisis / ... es imposible acertar"*. Es un error, la planificación es el primer paso de la mejora continua y si no la hacemos, no podremos mejorar de manera consistente.

Si eres comercial,

1. Planifica la actividad que entiendes que debes hacer para conseguir el resultado deseado.

2. Lleva a cabo esa actividad ("sin acción no hay resultados").

3. Verifica el resultado contra lo planeado (las primeras veces no se parecerán en exceso).

4. Ajusta lo que tienes que hacer o cómo debes hacerlo y vuelva a comenzar el proceso de planificación. Después de unos pocos ciclos observarás como eres capaz de predecir lo que va a suceder con bastante precisión y tus resultados serán mucho mejores, seguro.

Terminada la primera semana Miguel estaba muy contento. Había trabajado duro. En parte por su profesionalidad y, por otro lado, por la exigencia y presión de don Jaime, que había hecho bien su papel (los comerciales necesitamos que nos presionen de vez en cuando). El lunes tenía su primera entrevista de ventas y estaba seguro de conseguir su primer pedido.

No planificamos para acertar, sino para analizar por qué no lo hemos hecho

---

Capítulo 7 - La venta empieza antes de ponerte delante del cliente

El fin de semana pasó rápido. Lo primero que hizo Miguel al llegar a la oficina el lunes fue planificar su semana. Comenzaba ya a tener actividad repetitiva y tenía que organizarse.

Identificó sus actividades claves, las priorizó, asignó tiempos de dedicación y lo puso en un cuadro que le serviría, así mismo, de control:

Prioridad	**Descripción de las actividades Clave**	**Tiempo semanal Ideal**	**Tiempo dedicado**
1	Planificación de actividad y preparación de las visitas	5	
2	Estar delante de un posible nuevo cliente	10	
3	Estar delante de un cliente actual para fidelizar / desarrollar	10	
4	Prospección	2,5	
5	Preparación de ofertas	5	
6	Seguimiento de ofertas	2	
7	Alimentar CRM	0,5	
8	Gestión administrativa del cliente	1	
9	Formación y trabajo comercial de preparación	2,5	
10	Reuniones internas y otros	1,5	
	TOTALES	**40**	

Tenía claro que planificar es clave y que lo más importante de un comercial es preparar las visitas. Ahí comienza la venta de verdad.

La venta comienza mucho antes de ponerse delante del cliente

Algo que nunca debemos de olvidar es que la venta no comienza cuando tenemos una cita con un cliente -o entra uno posible por la puerta de nuestro establecimiento-, sino que lo hace muchísimo antes. Todo es venta, cualquier impacto que reciba está influyendo en la posible operación.

Podemos poner ejemplos muy claros. Imagínate que vas paseando por el centro de una ciudad o por el aeropuerto y observas en un comercio a tres dependientas charlando en corro en el centro del mismo, en otro ves a un dependiente mirando la pantalla de su ordenador con claros indicios de que está aburrido, navegando por internet y en un tercero hay una dependienta en pleno movimiento, doblando prendas, colocándolas en su sitio y etiquetando un pedido recibido. ¿Qué impresión te llevarás de cada uno de ellos? Suponiendo las tres tiendas iguales, ¿en cuál entrarías si solo pudieras hacerlo en una de ellas?

Estas imágenes las podemos trasladar a un comercial que acude a visitar a un cliente por primera vez. Ese posible cliente se habrá hecho una idea de lo que puede esperar en función de cómo hayan sido los contactos previos.

Hay aspectos sobre los que nosotros, como vendedores, es posible que no tengamos control, pero debemos cuidar al máximo esa primera impresión en todo lo que esté en nuestra mano y créeme que es mucho más de lo que te imaginas.

En una primera visita es posible que no tengas muchas pistas sobre lo que te vas a encontrar. Los ciclistas dicen que en la primera semana del Tour de Francia no puedes ganar la carrera, pero sí puedes perderla. Eso mismo sucede en una primera visita de ventas: probablemente no puedas ganar un cliente (quizá sí una venta si hablamos de una única transacción de escaso importe), pero sí que puedes perderlo.

Ya que no puedes ganarlo, pero sí perderlo te recomiendo que seas cuidadoso con lo que dices y haces. Recomiendo que esa primera vez aparques, siempre que sea posible (por distancia o porque la climatología lo permita), en un lugar en el que tu posible cliente no pueda verte. Aunque no lo creas tu vehículo por exceso o defecto puede arruinarte la venta. También puede hacerlo tu forma de salir del coche o lo que hagas justo en ese momento. Por prudencia, mejor que no te vea y prejuzgue cualquier aspecto. Aunque tú estés seguro de que la impresión será positiva, te recomiendo precaución. Que no te vea llegar en coche.

Por supuesto, también debes de tener cuidado con las comunicaciones previas: llamadas, correos electrónicos o similares. Intenta ser lo más neutro posible. De nuevo te repito que, salvo excepción, aquí no vas a ganar la venta, pero puedes perderla.

No lo olvides, la venta comienza mucho antes de ponerte delante del cliente por primera vez.

Una vez tenía claro qué realizar y que debía controlarlo para ajustarse al máximo, llegaba el momento de acudir a esa primera visita. Acudió al despacho de don Jaime y le comunicó que salía a visitar, lo que alegró mucho al dueño de la empresa que le dijo

"Bien, a por él y trae un pedido"

Esa primera visita no fue tal y como esperaba Miguel y no consiguió un pedido. Podríamos decir que quedó muy lejos de ello. No funcionó aquello de *"la suerte del principiante"*, pero al menos retomó contacto con un antiguo cliente que le permitió mantenerle informado de ofertas y promociones. Era el objetivo mínimo que se había planteado.

Además, aprovechó el tiempo para dar una vuelta por el polígono industrial y hacer unas visitas a puerta fría para conseguir información. Obtuvo tres tarjetas de personas con las que contactar e información valiosa de sus empresas. Ya tenía trabajo de prospección telefónica para el día siguiente.

Llegó a la oficina, informó a don Jaime de que todavía no tenía ese primer pedido y se sentó en su mesa.

De acuerdo con lo planificado preparó los 25 correos que se había propuesto enviar diariamente y realizó las llamadas de teléfono de lo que había obtenido en el anterior envío. En esta ocasión consiguió dos nuevas citas y siguió puliendo la base de datos.

El resto de días de esa segunda semana fueron parecidos al lunes. No consiguió pedidos, pero cada vez tenía más tarea de seguimiento y contactos posteriores. Estaba haciendo bien el trabajo y estaba seguro de que obtendría buenos resultados en breve.

Miguel seguía anotando en qué consumía el tiempo. Al final de la semana contrastó el cuadro de actividades principales con lo que había realizado

Prioridad	**Descripción de las actividades Clave**	**Tiempo semanal Ideal**	**Tiempo dedicado**
1	Planificación de actividad y preparación de las visitas	5	8
2	Estar delante de un posible nuevo cliente	10	0
3	Estar delante de un cliente actual para fidelizar / desarrollar	10	12
4	Prospección	2,5	6
5	Preparación de ofertas	5	1
6	Seguimiento de ofertas	2	0
7	Alimentar CRM	0,5	4
8	Gestión administrativa del cliente	1	0
9	Formación y trabajo comercial de preparación	2,5	6
10	Reuniones internas y otros	1,5	3
	TOTALES	**40**	**40**

No había comenzado todavía a reunirse con posibles nuevos clientes (estaba consiguiendo citas con empresas que les compraban en el pasado, pero no lo hacían ahora), aunque lo haría las siguientes semanas, ya que de las visitas a puerta fría y posterior seguimiento telefónico había conseguido cerrar primeras entrevistas de venta.

Todavía tenía trabajo suficiente con los antiguos. Había dedicado más tiempo a la prospección, algo que consideraba normal para esa primera semana de actividad comercial. Sin embargó observó que había sido muy optimista en el tiempo de alimentar el CRM y las reuniones internas. Tenía que tener cuidado con esas actividades.

La evolución permanente es una obligación hoy en día para todos nosotros y más para los comerciales. El mundo ha cambiado mucho en los últimos años y más lo hará en los próximos. O mejoramos o nos quedamos atrás. El proceso de mejora continua podemos resumirlo con el acrónimo PECA (en la mayoría de los textos lo encontrarás con su denominación en inglés PDCA, pero a mí me gusta más utilizar el español, que, además, en este caso, nos facilita recordarlo).

Planificar. No puede haber mejora continua sin planificación. Es el primer paso. Como ya hemos indicado, no planificamos para acertar, sino para obligarnos a reflexionar y ejecutar nuestra mejor predicción y ayudarnos a saber dónde estamos y tomar mejores decisiones con menor consumo de tiempo. Es lo que ha hecho Miguel, definir su semana ideal. Al repasarla se daba cuenta de si estaba dedicando mucho o poco tiempo a cada actividad. Si no lo realizamos así acabaremos haciendo lo que más nos apetezca en cada momento en vez de lo que realmente debiéramos hacer.

Ejecutar. Parece obvio, pero no lo es tanto. ¿Conoces alguien que no lleva a cabo a lo planificado? Yo a muchas personas. Planifican, planifican y planifican, pero no actúan. ¿Sabes cuál es su resultado? Tenemos que cumplir con lo que nos hemos propuesto. Muchas veces nuestro jefe es nuestro mayor aliado para ello.

Controlar. Esto es precisamente lo que ha llevado a cabo Miguel el viernes última hora. Ha puesto en el cuadro de control los tiempos dedicados. Como hemos dicho, no siempre acertamos en nuestra planificación (sobre todo al comienzo). No solamente vale para actividad, también para resultados. Este análisis (lo que en empresa se denomina control de gestión) es fundamental si queremos mejorar ya que nos facilita los porqués de las diferencias entre lo planificado y lo real y nos permite ir al siguiente paso.

Ajustar. Ahora hay que tomar las medidas necesarias para conseguir lo planificado o, en su defecto, realizar una nueva planificación de acuerdo con la realidad, aunque nunca sin haber intentado efectuar ajustes.

Este proceso nos ayudará a ir mejorando paulatinamente y ser mucho más efectivos (hacer lo que hay que hacer) y eficientes (hacer bien lo que haces).

La planificación es el inicio de la mejora continua. Sin la primera no puede existir la segunda

---

Capítulo 8 - El jefe siempre tiene razón

Las dos semanas siguientes fueron transcurriendo de modo similar a la anterior: envío de correos a antiguos clientes, citas con algunos de ellos, prospección a puerta fría para conseguir tarjetas y nombres de responsables, llamadas de teléfono para concertar entrevistas y visitas comerciales.

Consiguió los primeros pedidos y, sobre todo, se sentía satisfecho con la evolución que estaba teniendo. Cada vez tenía más seguimientos que realizar y ofertas que presentar. Cogía ritmo de trabajo y su base de datos cada vez era más amplia. Estaba convencido de que los resultados llegarían a corto plazo, en cuanto todo lo que estaba sembrando diera sus frutos y eso sucedería en breve.

Miguel continuaba con su aprendizaje, visitando fábrica, hablando con las personas con mayor antigüedad en la empresa y mejorando su discurso de ventas y presentación de empresa.

Los pedidos no eran importantes, pero ya había recuperado varios de los clientes perdidos en el pasado, casi todos por indiferencia de la empresa que apenas les visitaba y habían acabado cambiando de proveedor a uno que sí que lo hacía. Otro de los factores de pérdida que hallaba Miguel era el frecuente cambio de comercial. Alguna de las personas con las que se reunía se lo hacían saber, muchas caras nuevas cada poco tiempo. Eso no les gustaba.

La relación con don Jaime era cada vez menor. Parecía que al ver las primeras ventas se había relajado y estaba tranquilo.

Al final del primer mes don Jaime llamó al despacho a Miguel y le dijo sin miramientos:

"Miguel, llevas ya aquí un mes y no veo resultados, ¿qué estás haciendo?"

En ese momento Miguel se dio cuenta de un error que había cometido y que muchos hemos hecho en nuestra vida profesional: no había dejado claras las expectativas y qué debía de haber hecho para satisfacerlas. Él estaba satisfecho de su trabajo, pero, por lo visto, su jefe no.

Esto es algo imprescindible en cualquier puesto y cualquier momento. Indudablemente es esencial cuando accedemos a una nueva responsabilidad, pero no deja de serlo aun cuando sigamos con la misma. Tienes que tener claro, y por escrito a ser posible, lo que se quiere de ti, cómo vas a saber si lo consigues y lo que tienes que hacer para lograrlo. Así podrás poner el foco en ello e ir ajustando actividades si no alcanzas los logros con lo que realizas.

Ahora Miguel estaba en una situación embarazosa. No había clarificado qué se esperaba de él ni qué tenía que hacer exactamente y no había alcanzado ni resultados ni, al parecer, realizaba lo que su jefe quería: movimiento, movimiento y más movimiento. Para él -y también para mí- el movimiento por sí mismo no tiene sentido alguno, no es más que desgaste de energía que no conduce a buen puerto. Primero hay que pensar y planificar para más tarde actuar.

"Don Jaime, yo estoy satisfecho con los resultados. Si bien es cierto que las ventas no son espectaculares, he conseguido recuperar alguno de los clientes antiguos, cada vez tengo una mayor base de datos de seguimiento, estoy preparando más ofertas y mis expectativas de resultados son muy optimistas"

"Vamos a ver, yo lo que quiero son ventas. Esta empresa vive de vender y paga los sueldos con euros no con expectativas y yo te veo demasiado en tu mesa y donde tienes que estar es en la calle. Creo que había dejado eso muy claro. Me prometiste resultados, pero no llegan".

"Llevo aquí justo un mes y los clientes no llueven del cielo. La zona que me han asignado está muy abandonada y cuesta recuperar la confianza, pero lo estoy consiguiendo".

"¿Me estás diciendo que esta empresa no atiende a sus clientes?"

"No, no me mal interprete. No quiero decir eso. Me refiero a que es muy poco tiempo para obtener resultados de ventas. Todavía estoy aprendiendo del producto, no he acabado de visitar a todos los clientes".

En ese momento le interrumpió don Jaime y le dijo

"Precisamente es a eso a lo que me refiero. No has acabado de visitar a todos los clientes y estás sentado en tu mesa. Es muy cómodo estar en la oficina, pero donde yo quiero a los comerciales es en la calle, que es donde está el negocio"

"Don Jaime, cuando estoy en la oficina estoy trabajando: envío correos...".

De nuevo le volvió a cortar el propietario y elevando el tono de voz soltó.

"Enviando correos, lo más cómodo. No quiero correos, quiero visitas, pedidos, ventas".

"Disculpe, pero es que hoy en día no es posible que te atiendan haciendo puerta fría. Lo que hago es aprovechar las visitas que concierto para conseguir el correo electrónico del responsable, enviarle un mensaje de presentación y decirle que le llamaré en 24 horas, que es lo que hago. Con los antiguos clientes hago lo mismo: les envió un correo electrónico y luego les llamo y concierto una visita. Una vez que la tengo intento concertar otras por la zona o mirar en Google Maps que otras empresas hay por la zona que pueda visitar cuando estoy allí. Creo que es la forma correcta de hacerlo".

"Mientras consigas resultados puedes hacer lo que quieras, pero si no los hay tienes que hacer lo que te digo".

"Mire, es que las ventas han cambiado mucho, ya no es como antes, ahora cuesta mucho que un responsable te reciba, no tienen tiempo".

La cara de don Jaime era un poema. Estaba claro que él no consideraba eso como cierto y que seguía empeñado en hacer las cosas como antes. Los continuos cambios de comercial por falta de resultados no le hacían ni plantearse si era él quien no estaba en lo cierto y que igual había que modificar lo que se realizaba para obtener los resultados que pretendía.

Él había creado su empresa y hecho crecer precisamente de ese modo: visitando, visitando y visitando. Una actividad frenética y que le había dado resultado. No entendía que sus comerciales no eran él y no tenían las mismas expectativas. Tampoco entendía que los tiempos eran diferentes.

El tono de la conversación se iba elevando desde el lado de don Jaime, lo que a Miguel no le gustaba nada y no estaba dispuesto a consentir.

"Perdone, me está gritando y creo que no es adecuado. Le pediría que habláramos sin gritar".

Dijo Miguel en un tono neutro y tranquilo, con asertividad, que era lo que le habían enseñado en una formación de gestión de reclamaciones.

Aquello encendió aún más a su jefe, poco acostumbrado a que le llevaran la contraria y que exigía que siempre se hiciera lo que él quería.

Aguantó el chaparrón como pudo e intentó acabar con aquello de la mejor manera posible. No volvió a hablar. Dejó que su jefe soltara todo lo que llevaba dentro y tan pronto pudo salió del despacho.

Tenía emociones y sentimientos yuxtapuestos: enfadado porque le habían faltado al respeto, sorprendido por la falta de compresión de su jefe, molesto porque no se apreciaban sus logros en esas semanas, dolido por la falta de reconocimiento al trabajo comercial de base que realizaba y confuso respecto a qué podía realizar desde ahora.

De momento, y para evitar males mayores, decidió salir a visitar clientes y así se lo hizo saber a Gema, la persona de recepción a quien pidió que informara a don Jaime. En ese momento toda la fábrica ya sabía la bronca que había sucedido. Radio Macuto emite de manera permanente, y en riguroso directo, ese tipo de acontecimientos.

Clarificar las expectativas con tu jefe y colaboradores -y por escrito- es la mejor manera de minimizar los malentendidos.

Capítulo 9 - La venta ha cambiado mucho

En el pasado la venta era muy diferente a lo que es hoy en día. Debemos tener claro este concepto si queremos evolucionar y sobre todo, aceptar con humildad que hay muchas cosas que personas, incluso más jóvenes, pueden saber más que nosotros.

Cuando imparto formación es habitual encontrarme con vendedores muy experimentados que creen saber todo y piensan que *"qué me va a contar alguien que no conoce mi mercado"*.

Cuando observo esta circunstancia suelo hacerme cercano (bastante sencillo ya que por naturaleza lo soy) y comenzar una conversación sobre el mundo actual. Rápidamente alguien saca la conversación de que las *"cosas ya no son como antes"*, momento en donde suelo aprovechar a preguntar si han cambiado mucho las circunstancias en los últimos cinco o seis años y les digo que me cuenten. Podéis suponer las respuestas. Es en ese instante cuando hago notar, si alguien no lo ha dicho ya, que suele ser lo habitual, que la experiencia anterior es posible que no sea válida si no nos sabemos adaptar a las circunstancias actuales. Habitualmente el posicionamiento de los vendedores experimentados cambia y son mucho más receptivos a lo que vamos a trabajar. Se dan cuenta de que, efectivamente, ha habido mucha evolución y que, seguramente, merezca la pena prestar atención a la formación. No se suelen equivocar.

Los cambios aducidos suelen ir desde la perspectiva del mercado, del comprador, de la exigencia del mismo... Es cierto, así es. Desde mi punto de vista esto se debe a la revolución habida en el mundo de la información.

Esto se entiende muy bien si leemos el comienzo del capítulo 3 *"De caveat emptor a caveat venditor"* del libro *"Vender es humano"*[1] de Daniel

1. "Vender es humano", Daniel Pink - Gestión 2000 - 2013

Pink. El autor nos relata cómo hasta finales del siglo XX la información entre el comprador y el vendedor era asimétrica con ventaja clara para el segundo. El vendedor disponía de mucho más conocimiento del producto y del mercado que el comprador, por lo que podía inducir a trato injusto para el mismo. Esta información asimétrica hacía que el comprador desconfiara del vendedor, pero, por otro lado, lo necesitaba para obtener la referida información.

Yo comencé en el mundo de la venta a finales de los 80 del siglo pasado y puedo dar fe de que era así. Si el comprador quería estar informado de algo solo tenía las revistas específicas del sector y lo que los diferentes comerciales le contábamos. Por ello era sencillo que te recibieran, era su modo de informarse. Hoy en día ya no es así. Esto ha cambiado y el acceso a la información es mucho más libre. Tienes todo en internet. Si te interesa un producto en concreto puedes encontrar cantidades ingentes de conocimiento sobre él en la red a un golpe de clic. Esto se ve muy claro en determinados mercados.

Por ejemplo, la venta de coches. Antiguamente un comprador podía informarse a través de revistas y poco más sobre un coche nuevo y tenía que acudir a los concesionarios a recoger información. El vendedor disponía de media docena de modelos y los conocía a la perfección. además, las marcas de la competencia también eran escasas. Hoy un vendedor tiene en su catálogo infinidad de modelos, con muchas variantes de todo tipo, decenas de marcas competidoras con múltiples modelos, acabados y equipamiento diferente. Es humanamente imposible conocerlos todos. El comprador, por su parte, se habrá fijado en media docena de modelos, se habrá informado y sabrá de ellos mucho más que el vendedor. Y si hablamos del mercado de segunda mano esto se aguza mucho más.

Es verdad que los compradores actuales no tienen toda la información, pero ya no son víctimas de la asimetría del pasado. El equilibrio ha cambiado. Ahora tienes cuando mínimo, la misma información que el vendedor, pero puedes ser mucho más selectivo en la que te interesa. además, las leyes de protección al consumidor te amparan, como tal, mucho más que antes. De ahí el título del capítulo de Daniel Pink. Antes la transacción era *caveat emptor* (por cuenta y riesgo del comprador), mientras que ahora es *caveat venditor* o lo que es lo mismo, por cuenta y riesgo del vendedor.

Por lo tanto, el primer concepto que debemos de tener claro es que la venta ha cambiado de manera notable desde la universalización de la información. Muchos vendedores siguen echando la culpa a la crisis y, erróneamente piensan que cuando acabe todo volverá a ser igual. Mal asunto para ellos. Nada será igual. La crisis lo único que ha hecho es camuflar el cambio real, que es el acceso libre a la información y la globalización de los mercados, con lo que el cliente se ha vuelto mucho más exigente y, además, tiene muchas mayores posibilidades de compra que en el pasado.

Si, por lo que fuera, posees información asimétrica, ni se te ocurra utilizarla. Antiguamente podría pasar desapercibido, actualmente con la expansión de las redes sociales corres un grave riesgo de erosionar la confianza de tu mercado si lo haces así. Te aseguro que una pérdida de reputación es algo muy, pero que muy peligroso para tus ventas.

Aunque no te lo creas, tu reputación te precede y perderla es peligrosísimo para tu futuro profesional. Tienes que ser íntegro y honesto al máximo.

Capítulo 10 - Un hecho inesperado

A Miguel le costó mucho conciliar el sueño ese día. Entre la sobreexcitación por lo sucedido y la confusión en la que se encontraba sobre cómo proceder apenas pegó ojo en toda la noche.

Había pensado en pedir ayuda a personas con más antigüedad en la empresa sobre qué hacer y cómo tratar con don Jaime cuando entraba en esos momentos de exaltación.

Como todos los días planificó su actividad, envío correos, hizo llamadas, preparó alguna oferta e hizo seguimiento. Procuraba tener tiempo a primera hora para ello agendando las citas comerciales a partir de las 11 de la mañana.

Estaba a punto de salir cuando recibió una llamada de Tomás, responsable de administración. Le pidió que fuera a su despacho. Algún tema de cobros pensó Miguel.

Cuando llegó le pidió que se sentara y lo dijo

"Miguel, lo siento mucho, pero vamos a rescindir tu contrato. Como sabes estás en periodo de prueba. Te he preparado el finiquito. Aquí tienes toda la documentación. Puedes llamar a quien quieras y me tienes a mí para explicarte también lo que necesites. Así mismo, están todos los papeles oficiales para solicitar el desempleo".

Aquello le pilló totalmente de sorpresa. No se lo esperaba.

"¿Así sin más y sin explicaciones?"

"Lamentablemente poco más puedo decirte. Me ha pedido don Jaime que lo haga. Si quieres hablar con él antes de firmar los papeles creo que está en su despacho".

"Gracias Tomás. *Si no te importa, prefiero hablar con él".*

"Suerte".

Don Jaime esperaba a Miguel. No era de los que se escondía, aunque prefería que la primera noticia la diera Tomás. Por desgracia este era un trago que bastantes comerciales habían pasado antes.

La conversación fue escueta. Quería personas "bienmandadas" y que hicieran lo que él consideraba correcto y Miguel no lo había hecho. Si hubiera conseguido resultados habría sido distinto, pero se había quedado muy por debajo de lo que él esperaba.

De nada valieron las explicaciones de Miguel e intentar convencerle de que las ventas llegarían. La decisión estaba tomada.

Desafortunadamente es muy habitual en las empresas querer resultados a corto plazo, lo que lleva a realizar acciones que son muy contraproducentes para el largo. Queremos todo y lo queremos ya.

Miguel había realizado lo correcto y había dado pasos que le ayudarían a obtener resultados a medio plazo, pero su jefe no tenía paciencia. Pretendía que el primer mes el comercial rentabilizara su puesto. Eso no es así ni debe de serlo. No montamos empresas -salvo excepciones que prefiero no adjetivar para no ofender- para unos meses, sino que pretendemos que duren mucho tiempo y, sin embargo, nos movemos por decisiones que quizá sean buenas para hoy, pero que complican la vida futura.

Para tener un departamento comercial consistente necesitamos:

a) Conocer en qué somos mejores que otros -o podemos llegar a serlo-.

b) Saber qué quiero vender.

c) Saber a quién quiero venderlo.

d) Diferenciarme de la competencia.

e) Posicionarme en el mercado creando marca que nos facilite la venta.

f) Fijar unos objetivos realistas.

g) Definir qué tengo que hacer para alcanzarlos.

h) Definir cómo tengo que hacerlo.

i) Asegurarme de que se hace lo previsto.

j) Controlar los resultados.

k) Ajustar la actividad.

Muchos empresarios, haciendo dejación de su obligación, abdican de este proceso y lo dejan en manos de sus comerciales. El resultado es que no se consiguen los resultados deseados. Si se hace, el comercial acaba dándose cuenta de que ha sido él quien lo ha creado y suele acabar abandonando el barco. además, cuando se va nos deja como estábamos antes, sin nada y hay que volver a empezar de cero, a probar a uno y otro comercial maldiciendo al que se fue y despotricando de lo inútiles que son los nuevos.

Muy mal asunto.

Si eres comercial y te vas a incorporar a una empresa te aconsejo que preguntes por estos puntos y cómo están resueltos, sabrás a lo que te vas a enfrentar.

Si eres empresario y no tienes esto por escrito, te aconsejo que trabajes en ello. Te va a llevar unas semanas o unos meses, pero te aseguro que será una grandísima inversión.

Volvió al despacho de Tomás y le pidió explicaciones sobre el papeleo y el finiquito. Se las dieron con mucha amabilidad y empatía, facilitándole al máximo la salida. Tomás se ofreció a que le llamaran si necesitaba referencias. Le dijo que hablaría bien de él. Consideraba que en el escaso tiempo que había trabajado allí su valía e implicación habían quedado más que demostradas. Se puso a su disposición para lo que necesitara.

Radio Macuto realizó de nuevo una rápida difusión y parecía que todo el mundo estaba enterado. Según Miguel iba a su mesa la palabra que más oyó fue "*suerte*".

Recogió sus cosas y se marchó. Hundido. Si has pasado por ello creo que no hacen falta mayores explicaciones.

Algo que agradeció mucho fue que varios de sus ya excompañeros acudieron personalmente a despedirse y desearle lo mejor para su futuro, lo merecía. Hasta el director de producción subió con un pretexto de un tema de calidad para despedirse.

"*Al menos creo que me he ganado el respeto de estas personas*" pensó mientras salía sin ser todavía plenamente consciente de lo que había sucedido.

Hacer lo correcto y esforzarte al máximo hará que te ganes el respeto de los que te rodean

---

Capítulo 11 - Periodo de transición

Realmente no se esperaba el despido, le había cogido desprevenido. No tenía idea muy clara de qué iba a hacer. Incluso, había hasta alquilado su casa y cambiado de domicilio, aunque como ya hemos relatado antes, era algo que hasta le había venido bien mentalmente.

Son momentos de duda. A la incertidumbre económica que supone el desempleo se une la pérdida de autoestima y de confianza en uno mismo.

Por si la situación fuera poco complicada Miguel recibió una llamada de un antiguo compañero de trabajo que se había enterado de su nueva ocupación y llamaba para felicitarle. No resultó fácil decirle que le habían despedido.

Esa primera tarde, en su nuevo domicilio, todavía desconocido, resultaba atípica. No tenía claro qué realizar. No era el momento de trazar planes. Su mente era un hervidero de sentimientos encontrados. La parte límbica (cerebro emocional) dominaba claramente y no dejaba a la parte racional hacer su trabajo y ayudarle a planificar cómo salir de la situación que afrontaba.

Se le pasaron todo tipo de emociones por la cabeza, ideas descabelladas. Se negaba a aceptar la realidad. Pensaba volver para hablar con don Jaime y hacerle ver que estaba equivocado. Lo mejor era salir a hacer deporte para despejarse, pero todavía no había traído la bicicleta a su nueva casa. Plan descartado, pero realmente necesitaba desfogarse. Decidió ponerse unas zapatillas de futbol sala que tenía sin uso desde hace unos años y salir a correr. Mala elección, a los diez minutos ya no podía más. Aun así, estuvo corriendo y andando -más esto último que lo primero- durante cerca de dos horas. Llegó a casa exhausto y mucho más tranquilo.

Tras una larga ducha y una cerveza reparadora se quedó dormido en el sofá.

El despertador sonó a las habituales 6.45h. No había quitado la alarma diaria que tenía programada. Tras momentos de duda decidió levantarse y prepararse como haría si fuera a trabajar.

Apenas pasadas las 7.30 de la mañana estaba listo para ir a la fábrica. En esta ocasión se ahorraría el desplazamiento ya que su puesto de trabajo estaba en el salón de su casa.

Miguel era de planificar y es a lo que dedicó gran parte de la mañana. Cogió papel y bolígrafo y trazó un plan y una agenda diaria de actuación. Pensaba que no le resultaría muy complicado encontrar trabajo. Tenía experiencia como comercial y mantenía algunos contactos que consideraba que le podían ayudar.

Una vez tenía claro lo que realizaría salió de casa a gestionar el papeleo del desempleo. No iba a ser tan sencillo como creía. Había cambiado de domicilio, pero no estaba realizado el cambio en el padrón y ni siquiera estaba seguro de si iba a continuar en ese nuevo domicilio.

"¿Cómo puedo ser tan inocente de habérselo dicho a la funcionaria?"

Se culpaba una y otra vez al ver el lío administrativo en que se había metido. Lo que debiera haber sido algo menos de una hora se estaba transformando en varios días de papeleos, certificados... hasta el Documento Nacional de Identidad le pedían que modificara (*"y que no se enteren los de tráfico, suplica él para sí mismo"*).

El plan de Miguel era claro: esa misma tarde tenía que revisar su Curriculum Vitae (CV) y actualizar los datos en todas las plataformas de empleo, así como en las redes sociales, sobre todo Linkedin, que era la que él consideraba más importante.

El primer día pasó rápido. Parece mentira lo poco que cunden ocho horas cuando estás ocupado y tienes muchas tareas que hacer. Además, la noticia ya había llegado a su familia y amistades. Recibía demasiadas llamadas para su gusto con respecto al tema.

Tenía claro que ahora su trabajo de 8 horas era buscar un nuevo empleo y para ello emplearía todas las armas a su alcance. El segundo día, antes de salir en peregrinación por las oficinas de un sinfín de organismos públicos (*"bocas, que eres un bocas, ¿no podías no haber dicho nada a la funcionaria de la oficina de empleo?"* No hacía más que repetirse internamente), repasó el plan a seguir:

- ☐ ~~Actualizar el CV en los portales de empleo~~.
- ☐ ~~Redactar un nuevo CV para enviar a ofertas fuera de las plataformas y a amigos~~.
- ☐ Revisar el perfil de Linkedin y actualizarlo.
- ☐ Elaborar una lista con las personas a contactar que me puedan "echar una mano".
- ☐ Elaborar una lista de empresas a las que podría postular proactivamente.
- ☐ Buscar al director de recursos humanos y al director comercial de esas empresas en Linkedin.
- ☐ Seleccionar blogs y artículos sobre cómo comportarse en las entrevistas de trabajo.

Estas fases de transición son mucho más complejas de lo que parece. Hay quien decide tomárselo con calma, respirar tranquilo unas semanas (o unos meses incluso) y después ya ponerse a buscar. No era el caso de Miguel, ni lo que yo pienso que sea correcto. Cuanto antes comiences, mejor. además, tienes que ser consciente de que es un trabajo a tiempo completo en donde tendrás que estar centrado en ello y en formarte.

Al principio de tu periodo de transición, tu cuerpo y mente todavía tienen el hábito de trabajo y es más sencillo mantenerlo.

Si paras es mucho más complejo arrancar, sobre todo si no tienes un jefe encima que te exija y vas aplazando lo que tienes que hacer. El tiempo juega en tu contra, cada día es más difícil y lo es mucho más si eres comercial, como en el caso de Miguel.

Era muy cumplidor y hacía "sus deberes", pero las semanas pasaban y no encontraba nada. Había tenido varias entrevistas. Algunas las había descartado él y de otras nunca más supo, pero en media docena de veces había accedido a la final, aunque no había sido el candidato seleccionado.

Aquello le sentaba especialmente mal. Estadísticamente tendría que haber tenido una oferta. Parecía como si hiciera bien la primera fase de la venta, pero fallara en el cierre. Algún jefe ya le había dicho que era muy bueno presentando, pero que tenía que ser más agresivo en el cierre.

"A ver si va a tener razón" se preguntaba Miguel.

Como hemos dicho, era un hombre de acción. Decidió inscribirse en un curso sobre el cierre de la venta. Si realmente era eso lo que le sucedía, y los acontecimientos apuntaban en ese sentido, era una muy buena inversión.

El curso en sí se centraba demasiado en las denominadas técnicas de cierre, es decir, como conseguir que el cliente realice el pedido. Aquello iba en contra de lo que Miguel realizaba como vendedor. Él se centraba mucho más en lo que se denomina venta consultiva, en conocer realmente lo que el cliente necesita y aportarle valor, más que en conseguir un pedido. Miguel no buscaba ventas, buscaba clientes.

No le convencía nada aquello en lo que le estaban formando y así se lo hizo saber a uno de los compañeros tomando un café.

"¿Qué te parece el curso?", preguntó Miguel. *"A mí no me convence nada, creo que todo esto está anticuado. Puede valer para alguien que haga una venta una vez y luego no vuelva a ver al cliente, pero no cuando lo que quieres es una relación de largo plazo con él"*.

"No te digo que no, pero hay muchos sectores en los que es así todavía. Además, hay personas a las que es necesario "empujarles" un poco para que tomen la decisión. Todo depende de si quieres engañar o ayudar a que decidan. Para mí, si lo que quieres es lo segundo, no veo mal el curso. Nos están dando muchas técnicas para realizarlo".

"Es otra forma de verlo, pero sigue sin gustarme".

"Por cierto, ¿a qué te dedicas? ¿Qué es lo que vendes?", le preguntó

"En estos momentos nada. Estoy buscando empleo. He llegado a varias entrevistas finales y estadísticamente tendrían que haberme ofrecido trabajo, pero no lo han hecho. Creo que fallo en el cierre. Por eso hago en esta formación".

"Entonces esto te va a venir fantástico. Te va a dar muchas pistas y herramientas para esa última entrevista".

No lo había visto así Miguel, que en ese momento se le iluminaron los ojos y se dio cuenta de que efectivamente lo podía aplicar en su búsqueda de empleo. Tal fue así que la siguiente vez que llegó a "la final" le ofrecieron el trabajo. ¿Fue por el curso? Quien lo sabe, pero el hecho es que logró el objetivo.

Encontrar un nuevo trabajo o conseguir un nuevo cliente es cuestión mucho más de causalidad que por casualidad

---

Capítulo 12 - Un nuevo proyecto

La experiencia es un grado y Miguel "había hecho los deberes" y en el proceso de selección se encargó de asegurarse que su nueva empresa no fuera como la de don Jaime.

No tenían procesos redactados formalmente, ni estaba por escrito lo que tenía que vender, pero al menos, sí tenían claro lo que vendían y cuál era su tipo de cliente ideal. En esta ocasión, lo primero era acordar cuáles eran las pretensiones y lo que debía alcanzar y en qué periodo.

Tenía que vender servicios, no productos. Era una experiencia nueva para él. Siempre había vendido algo tangible. Le imponía algo de respeto, pero estaba ilusionado.

Se dedicaban a la informática. Miguel se había interesado por conocer bien cómo era la compañía antes de confirmar su incorporación. Le contaron que la empresa nació ya con un cliente. Los dos socios fundadores, que seguían en la misma, trabajaban en el departamento de informática de una gran empresa, que decidió externalizar todo el trabajo de programación que hacían internamente y les ofreció un acuerdo de salida con un contrato de tres años trabajando para ellos.

Así fue como empezaron. A través de algunos conocidos consiguieron otro par de clientes y crecieron hasta ser una plantilla de 10 personas. Algunos años más tarde, el cuñado de unos de ellos se incorporó como comercial e hizo un buen trabajo. Ampliaron cartera de productos y consiguieron nuevos clientes. Ahora eran cerca de veinte personas, la mayoría informáticos y personal técnico. Buscaban un comercial porque el cuñado se había separado de la hermana y prefirió dejar la empresa. La versión oficial es que había encontrado novia y trabajo en otra ciudad. La realidad, por lo que le informaron una vez dentro, es que estaba en una situación muy incómoda y buscó trabajo en otro lugar y una vez allí se había echado novia. Cómo le sonaba eso de familiar a Miguel.

Sea lo que fuera, la salida se había producido por razones personales y no laborales, los dueños tenían las ideas claras de lo que querían y no interferirían en la labor comercial. Preferían un crecimiento estable y las cosas bien hechas más que "ventas, ventas y ventas". Le pusieron objetivos a medio plazo y le pidieron que trabajara mucho la reputación de la empresa y la consistencia.

Tuvo un buen plan de acogida. Le presentaron a toda la plantilla -incluidos los desplazados en clientes- y le formaron en producto durante el primer mes. En ese tiempo le permitieron analizar bien la base de datos de clientes y preparar una estrategia comercial adecuada y en papel. Aquello era un sueño hecho realidad. Siguió los mismos pasos que en su empleo anterior, pero sin presión y con ayuda por parte de los dueños, que tenían mucho interés en que así se hiciera.

Lo cierto es que tenían un catálogo de productos muy amplio.

Por un lado, estaba la parte tradicional: programación a medida, desarrollo de páginas web, seguridad informática, venta de equipos y servidores, instalaciones técnicas y mantenimiento de equipos y sistemas. Por otro unas líneas nuevas, que era lo que más interesaba desarrollar: centralitas de voz IP, programas de gestión integral (ERP) y programas de gestión de clientes (CRM). además, había una línea que apenas tocaban, pero que mantenían porque en los momentos delicados proporcionaba ingresos rápidos -aunque poco margen-, que eran terminales de cobro para comercio y hostelería.

Le pidieron que preparara un plan para la línea de ERPs y CRMs, así como que diera una batida por todos los clientes para vender la voz IP. Así lo hizo.

En los tres primeros meses apenas hubo ventas, más allá de alguna centralita pequeña. Las operaciones más grandes tienen procesos de maduración largos y entran muchas personas en la toma de decisión: responsable de sistema, director financiero, director comercial (esto en los CRMs), director general y ya resultaba hasta complejo poder juntar a esas personas en una reunión para venderles algo.

Miguel se dejaba siempre tiempo de reflexión y análisis y llegó a la conclusión de que si quería agilizar el proceso de venta tenía que dirigirse hacia empresas en donde este fuera mucho más rápido. Un buen día, cuando andaba en bici le vino la iluminación a su mente: tenía que dirigirse a empresas con un solo propietario y que él tomara la decisión.

La idea era brillante, pero, por desgracia, no existen directorios de ese tipo de empresas y no sabía dónde encontrarlas. De nuevo vuelta a la reflexión. En esta ocasión la luz le vino conduciendo: tenía que preguntar en la primera fase de la venta cómo era esa empresa, si tenía un socio único o no.

Le dio muchas vueltas y preparó unas directrices sobre cómo podía encaminar esas primeras entrevistas y encontrar el camino oportuno para hacer esas preguntas. Hasta ahora seguía el camino tradicional: conseguir con la persona que le indicaban (habitualmente el responsable de informática o el director financiero) e intentaba avanzar en el proceso, con escaso éxito. Solía encontrarse con muros muy altos.

Decidió cambiar el proceso, porque toda venta tiene un proceso.

Vender es cuestión de saber qué pasos hay que dar y darlos.

Para vender tienes que llevar a tu cliente por el camino hasta llegar al destino. Indudablemente que hay ocasiones en que esto no es necesario, pero entonces no has vendido, te han comprado, que es muy diferente. Está muy bien, al final has conseguido el resultado, lo que sucede es que si eso ocurre muchas veces alguien se preguntará si eres realmente necesario o si se te puede sustituir por alguien más barato o por un lineal atractivo.

Cada venta es diferente y se debe definir cuáles son los pasos. Para ello lo ideal es probar y medir las diferentes opciones y comprobar cuál es estadísticamente mejor.

Así, si tengo un restaurante con 20 mesas podré probar 400 veces a ofrecer de un modo y otras tantas de otro y medir si existen diferencias significativas en cuanto al resultado. También puedo medir lo que consiguen mis empleados. Seguramente haya diferencias entre ellos en cuanto a importe por servicio o en cuanto a conseguir vender un determinado plato o vino. Si existen, observaré como lo hacen los dos mejores y el resto, analizaré las diferencias y formaré en las mismas a los demás. Ese mismo proceso lo puedo hacer en otro tipo de negocio.

Es posible que pienses que en tu negocio no lo puedes realizar porque, por ejemplo, no consigas nunca un número significativo de contactos a corto plazo que te permita extraer conclusiones válidas. En ese caso tienes que tirar de tu experiencia, olfato e intuición, pero lo que no debes olvidar en ningún momento es que tienes que definir el camino y debes ir llegando a los hitos intermedios que te marques.

Tienes que saber qué pasos hay que dar, qué tienes que conocer de cada cliente, cuál es el orden ideal de preguntas, etc.

El proceso que definió Miguel fue el siguiente:

1) Mantener una primera entrevista de toma de contacto. Breve y concisa para saber si el cliente es interesante.
2) Si lo es, solicitar un informe comercial (los dueños le permitieron solicitar hasta 10 al mes) y comprobar la estructura societaria para ver cómo podía ser la toma de decisión.
3) Si hay indicios de que hay una toma de decisión por el dueño, conseguir su correo electrónico. Si los indicios es que el proceso de compra es colegiado (participan múltiples personas) intentar averiguar si con quien te entrevistas tiene poder de decisión. Muchas veces hay personas que tienen capacidad de compra por sí mismas, otras no.

4) Si la decisión es definitivamente colegiada tomarse las cosas con calma y seguir el proceso, sembrar y esperar a que madure la fruta. Hay que tener muchas plantas en crecimiento para que alguna florezca.

5) Si la decisión la toma una sola persona -ese era el perfil que buscaba- contactar y ofrecer un beneficio claro e intentar vender a corto plazo buscando un cara o cruz. O vendo o abandono. Eso sí, manteniendo la reputación de la empresa y sin dejar tierra quemada; esto es, haciendo las cosas bien, pero yendo muy al grano y de forma directa. Por esto entendía Miguel no perder tiempo con intermediarios e ir directamente a por el decisor. Había que conseguir un correo electrónico directo. Ese era el primer paso de la venta.

Así se puso a trabajar esperando conseguir grandes resultados (el comercial es optimista por naturaleza).

Vender es cuestión de saber qué pasos hay que dar (proceso) y darlos (ejecución)

Capítulo 13 - Crecer no siempre es sencillo

Rápidamente "pulió" el proceso de preguntas y en poco tiempo obtenía la información que requería en la mayoría de entrevistas iniciales que realizaba, con lo que así se ahorraba hasta el coste del informe comercial.

No solía ser tan sencillo contactar con el dueño, demasiadas barreras, pero conseguía saltarlas en la mayoría de ocasiones y llegar al decisor final.

Una vez que podía contactar con él solía enviar un correo electrónico muy concreto en donde pedía una cita y explicaba en una frase lo que el cliente iba a ganar por recibirle. Empleaba lo que se denomina una "bala de plata", un beneficio claro. Él apostaba por el económico. Le decía que con el producto que le ofrecía (podía ser voz IP, ERP o CRM) iba a ahorrar dinero para su empresa e intentaba hacer una primera cuantificación. Pedía 15 minutos de su tiempo. La tasa de éxito era muy aceptable.

Esos 15 minutos solían alargarse y, casi siempre, hacían llamar a la persona encargada para comenzar el proceso de oferta. Había quien se sentía "puenteado", pero Miguel lo asumía. Era consciente que si seguía el cauce normal en la mayoría de ocasiones no llegaría al "gran jefe blanco", así que aceptaba que algunas operaciones se cayeran porque esos encargados lo dinamitaran, pero lo que tenía claro es que en números grandes obtenía mejor resultado con este proceso que con el tradicional. Y, sobre todo, vendía o descartaba con mucha mayor rapidez, lo que le permitía optimizar su tiempo y dedicarse a lo que realmente aportaba valor. además, como el número de posibles clientes era elevado no le importaba que algunos se quedaran por el camino.

A las pocas semanas de comenzar con este proceso consiguió cerrar una operación de venta de centralita de voz IP a una empresa con muchos puestos y algunas delegaciones. También vendió una actualización de servidores y alguna mejora en seguridad, así como la promesa de que una vez eso estuviera en marcha se plantearían cambiar el programa de gestión (ERP) e instalar un programa de gestión de clientes (CRM).

No había semana que no cerrara alguna operación. Ninguna de tanta envergadura, pero su cifra de ventas comenzaba a ser muy interesante y sobrepasaba con creces lo que le habían pedido.

Un día, Javier, uno de sus jefes le llamó al despacho y le pidió que cesara momentáneamente en la labor comercial. Se estaban ahogando. No eran capaces de gestionar tantas instalaciones. No tenían horas de técnicos suficientes para llevarlas a cabo y no era sencillo subcontratarlas.

Miguel era consciente de ello porque en esos momentos su mayor dedicación de tiempo era hablar con clientes para darles explicaciones del retraso del proyecto.

Javier le propuso que hiciera las veces de coordinador de proyecto de varias de las instalaciones vendidas. Crearon un grupo de trabajo en donde Javier, Ignacio -el otro socio- y Miguel se reunían todas las mañanas, analizaban recursos y decidían en qué iban a trabajar para sacar la tremenda carga de trabajo que tenían.

Algunos de los pedidos fueron anulados y realizados por la competencia y otros salieron adelante en condiciones muy mejorables. Había mucho estrés y tensión en la empresa.

Esas reuniones diarias se fueron tensando cada vez más. Miguel pedía que se tomaran medidas, bien de externalización, bien de contratación de personas. Había posibilidades reales de crecer. Ignacio no lo veía. Consideraba que había mucho riesgo. Subcontratar el corazón de su negocio (así consideraba él la puesta en marcha) no le convencía en absoluto e incrementar el personal se le atragantaba. Javier, sin embargo, coincidía con Miguel en que estaban frente a una gran oportunidad.

Un día, tras una de las discusiones casi diarias, Ignacio pidió un listado con las ofertas abiertas y los seguimientos que se estaban realizando con una valoración porcentual de la posibilidad de cerrarlas en los próximos meses.

Miguel quedó en prepararlo y presentarlo al día siguiente. Se dio cuenta de que esas semanas sin actividad comercial pesaban mucho y que apenas tenían carga de trabajo a corto plazo. Ignacio tenía razón.

En esa reunión decidieron que Miguel volviera a su labor comercial y fuera saliendo de la dirección de proyectos.

Por un lado, le había gustado su nueva labor, pero por otro, era consciente de que su trabajo era comercial. Repasó las notas que tenía y trazó un nuevo plan comercial.

De nuevo le costó un par de meses comenzar a tener una poza con suficientes peces donde pescar, pero en cuanto la tuvo comenzaron de nuevo los resultados a florecer y volvieron a atragantarse con la carga de trabajo.

Se repitió el proceso que ya habían vivido unos meses antes. Lo malo es que no habían aprendido de la experiencia y se limitaron a repetirla. De nuevo discusiones y peticiones de crecimiento que no eran atendidas. Miguel insistía en que había multiplicado las ventas globales por más de dos, pero que la plantilla era exactamente igual que antes de que él se incorporara. Lo único que había sucedido era el cambio de un par de técnicos que habían salido por otros que los sustituían.

Era totalmente cierto. Ahora tenían más clientes, ya que los nuevos contrataban mantenimiento y debido a lo que él consideraba empecinamiento de Ignacio no se incorporaban más personas, lo que hacía que todo el mundo estuviera sobrepasado y que la atención al cliente estuviera cayendo en picado, dato que se corroboraba con las encuestas que Javier hacía anualmente a los mismos. De hecho, algunos de los tradicionales no habían renovado el contrato anual al vencimiento. Así mismo el ambiente laboral comenzaba a ser muy negativo.

Crecer es muy bonito, pero no es sencillo gestionar el crecimiento. Los ingresos suelen ir en línea ascendente, pero los gastos lo hacen en escalón, lo que a veces lleva a pensar que se va para atrás. además, no se puede crecer si no eres excedente en recursos. Hay quien no lo ve y pretende la cuadratura del círculo, como era el caso de Ignacio, que se negaba a hacer un plan a medio plazo para que no sucediera lo mismo cuando Miguel volviera a salir a la calle.

Uno de los días se produjo una fuerte discusión entre los socios. Miguel estuvo de mero espectador, en una situación muy incómoda. Aprovechando que había un puente a comienzos de la siguiente semana decidieron darse unos días de respiro y la siguiente cita fue para 10 días después.

No se puede crecer si no se tienen recursos excedentarios o estamos dispuestos a invertir para ello

---

Capítulo 14 - Morir de éxito

En esa reunión, Miguel se encontró con la desagradable situación de que los socios habían decidido prescindir de sus servicios.

Llevaba un año en la empresa, había hecho un trabajo encomiable, como así se lo reconocieron. No tenían quejas sobre él, pero habían decidido que no querían crecer. Querían "hacerse fuertes" con los clientes que ya tenían, darles una atención excelente, retenerlos y aumentar servicios con ellos. No necesitaban comercial.

En esos 10 días los socios habían tenido varias reuniones y habían llegado a esa conclusión.

Le dieron un preaviso de un mes, le pidieron que no buscara nuevos clientes y se centrara en ayudar en la coordinación de todos los trabajos que estaban abiertos.

Intentó convencerlos, pero no hubo forma. Ignacio estaba enrocado en su postura y no iba a cambiar de opinión.

Lo cierto es que de nuevo le pilló totalmente desprevenido.

Estaba en su despacho desconcertado y recibió una llamada de Javier. Quería invitarle a comer. Aceptó.

Le contó que esa decisión no era de su agrado y que había luchado contra ella, pero no tenía más remedio que aceptarla o romper la sociedad. Creía en el crecimiento y estaba seguro de que tenían un gran futuro por delante, pero Ignacio no quería correr el mínimo riesgo. Pensaba que con lo que tenían era más que suficiente y no quería que crecer los llevara a una situación problemática. Era muy conservador.

Miguel intentó explicarle todo lo que estaba haciendo. Javier asentía, pero dijo que no podía hacer nada. Se comprometía a ofrecerle buenas referencias e intentar ayudarle a buscar trabajo.

Era la primera vez que le sucedía y no conocía ningún otro caso en que despidieran al comercial por vender mucho. Igual tenía que escribir un libro sobre ello.

No es muy normal tener que desprenderte de talento, pero a veces sucede. Si tienes que hacerlo, asegúrate de que no va a la competencia y ayúdale a encontrar trabajo, a ser posible en un cliente o posible cliente. Si realmente es una persona válida acabará teniendo responsabilidad en esa empresa y que mejor aliado en la misma que alguien que está satisfecho con tu comportamiento hacia él.

Si tuvieras en tu empresa que desprenderte de talento, ayúdalo a encontrar trabajo de calidad, ya que de otro modo acabará en tu competencia

---

Capítulo 15 - Diferentes opciones

Ya tenía experiencia en el tema y comenzó a moverse rápido, no había tiempo que perder.

A través de una empresa de selección de personal, con la que se reunió según conoció la noticia, le surgió una posibilidad en una empresa de prestigio, grande, bien consolidada, con procesos muy definidos. Uno de los jefes comerciales de área se jubilaba e iban a haber una serie de movimientos de puestos que al final dejaban otra jefatura de línea de negocio vacante. No era lo más atractivo de la compañía, pero sí que era una buena oportunidad de dirigir un pequeño equipo. Además, en los siguientes años estaban previstas más jubilaciones y posibilidades reales de promoción.

Un compañero del grupo de ciclismo le dijo que un amigo suyo tenía algo entre manos que podría interesarle. Miguel agradeció la referencia y pidió el contacto para hablar con él.

No había tiempo que perder. Quedó para tomar un café al día siguiente.

Ese amigo, químico de formación, había trabajado desde que terminó la carrera en una multinacional, casi siempre en control de calidad o en planta de producción. Un buen día, un proceso de lo que ahora se llama deslocalización, llevó la fábrica en la que trabajaba al cierre. Le propusieron reubicarle en otra en España, pero entre el temor a una nueva repetición de ello algo más adelante y que significaba mover a su familia, hecho que no le apetecía ya que su mujer tenía un trabajo bien remunerado y en el que estaba muy satisfecha, decidió aceptar la oferta de rescisión de contrato.

Una vez fuera, un tío de su mujer, que se había mantenido al margen le invitó a comer. Tenía una pequeña empresa de distribución de productos de limpieza, fundamentalmente para el sector de hostelería. Quería jubilarse, pero tenía cinco personas a su cargo: una administrativa, una persona en almacén, un repartidor y dos comerciales y pensaba que dejarles a ellos la empresa era que se quedaran sin trabajo en breve. No tenía hijos y le contó que veía una gran oportunidad para él. Hasta ahora distribuían el producto, pero pensaba que, con la formación y experiencia de Fernando, que así se llamaba, no le costaría formular los productos de mayor rotación, mejorar considerablemente los márgenes y tener una empresa muy rentable.

Le propuso que valorara comprarle la empresa. Él se comprometía a quedarse al menos un año para presentarle los clientes y ayudarle en la transición. Le dijo que podía comenzar a ir por allí y estudiarlo tranquilamente. No le interesaba excesivamente el dinero, buscaba que mantuviese los puestos de trabajo de su gente. De hecho, sugirió un pago aplazado a cinco años condicionado a resultados.

La mujer de Fernando tenía a su tío por una persona honesta y muy trabajadora, que nunca había sido problemático, ni siquiera en los peores momentos, que también los había tenido. La oferta no le parecía en absoluto descabellada y, además, tenía un tiempo para estar por allí y valorarlo. Era cierto que por su formación y experiencia no le tendría que ser excesivamente complicado obtener la fórmula de esos productos y la fabricación era muy sencilla. Podrían buscar algunos clientes "conejillos de indias" e intentarlo. Creía que en un año podría producirlos con ciertas garantías.

Ahora ya había pasado ese tiempo. Estaban produciendo. No había sido tan sencillo como Fernando pensaba en un principio, pero lo había conseguido, incluso hasta ya tenía todos los permisos y papeles en regla (casi lo más complicado había sido eso, hasta habían tenido que moverse de municipio porque en el que estaban no conseguían avanzar con el permiso de actividad). No solo producían los productos de mayor rotación, sino que incluso habían lanzado una nueva línea que estaban vendiendo a otros distribuidores.

El problema de Fernando es que no era comercial. Bastante le estaba costando asumir el papel de propietario y gerente de su empresa. Hasta hacía dos meses el tío de su mujer había hecho esa función, pero ya se había apartado. Ahora todo recaía sobre él: gerencia, producción y dirección comercial. Estaba desbordado. Buscaba alguien que fuera su mano derecha y, sobre todo, se encargara de la parte de ventas con cierto criterio, ya que los vendedores de los que disponía eran meros recogedores de pedidos, sin orden, planificación ni visión más de allá de la visita que realizaban.

Quedaron en que Miguel lo pensaría y que le llamara para concertar una visita en la fábrica, que la viera.

Una vez a solas reflexionó

"...una empresa pequeña, de seis personas, con el dueño allí dentro y con gente muy experimentada, pero que sospecho no habrá forma de hacerles cambiar... no lo veo. Además, teniendo la opción de una empresa ya consolidada, creo que no me interesa".

No le convencía nada el asunto, pero ya que venía de un compañero de ciclismo tenía, cuando menos, que llamarlo y quedar con él, aunque la opción estaba descartada.

Llamó a Fernando y quedó para ver las instalaciones.

Si haces las cosas correctas, al final, acabas teniendo buenas alternativas entre las que elegir

---

Capítulo 16 - Llega el momento de decidir

Lo que encontró allí desanimaba a cualquiera: oficinas que parecían de mediados de los años 50 del siglo pasado, una pequeña planta de producción compuesta toda por maquinaria de segunda mano, que hasta tenía cinta aislante en varias partes, un almacén caótico con garrafas por todos los lados, en donde era bastante complicado moverse y eso sí, un laboratorio de análisis y control de calidad moderno y bien equipado. Era "la cueva" de Fernando.

Desde luego aquel no era el lugar en donde había soñado trabajar.

Fernando era una persona organizada, aunque a su vez era jovial y transmitía mucha ilusión. Verdaderamente creía en el proyecto. No estaban los comerciales, pero tanto la administrativa como el almacenero, que también ahora hacía las veces de peón de producción le parecieron que tenían un compromiso absoluto. A última hora llegó el repartidor, que también trabajaba en planta cuando no estaba con la furgoneta y era auténtica dinamita y que, por las pocas palabras que le escuchó, vivía la empresa como suya.

Le enseñó todo y le contó que tenían muchas cosas en mente, pero que tenían que ir poco a poco. Estaba buscando alguien que le echara una mano. Le dijo que él era un técnico y que los aspectos de trato con clientes se le escapaban.

Estuvieron hablando mucho tiempo. Casualmente Fernando conocía también a Javier, el jefe actual de Miguel.

La entrevista fue larga y profunda y personalmente congeniaron. Fernando le hizo una propuesta que superaba la actual que tenía, pero no era ni mucho menos lo que Miguel buscaba para su futuro, aunque no lo dijo.

Se despidió con un políticamente correcto

"Muy interesante lo que propones. Lo pienso y hablamos", pero realmente no tenía intención alguna de trabajar allí.

Miguel había decidido aceptar la oferta de Sactum, la empresa grande que le ofrecía la dirección de un pequeño equipo. No la tenía todavía sobre la mesa, pero por lo que le decían de la empresa de selección de personal, se la harían.

Tras pensarlo durante un par de días y dado que venía de donde lo hacía, Miguel decidió llamar a Fernando para comunicarle que había decidido no seguir en ese proceso.

Lo cierto es que era un sapo que prefería no tragarse, pero era consciente que un buen comercial se destaca de uno promedio en los momentos en que hay que dar la cara delante del cliente y eso hizo.

Antes de poder comunicar nada a Fernando, este comentó

"He hablado con Javier. Me ha dado muy buenas referencias tuyas. Me ha contado exactamente lo mismo que tú me dijiste de tu situación. Creo que vamos a hacer un buen equipo."

"Fernando, le he dado muchas vueltas y he decidido que no seguir en el proceso de posible incorporación. No es el tipo de empresa que busco", soltó Miguel rápidamente.

"Me dejas de piedra, ¿qué es lo que te hace rechazarlo?"

"Busco una empresa más organizada y sistematizada, en donde haya unas pautas claras de trabajo y se sepa lo que hay que hacer. Me temo que contigo tendré que hacer de todo y de inmediato porque todo será urgente. Ya he pasado por eso y no me apetece".

"No te voy a negar que al principio será así, pero yo también he trabajado para compañías muy grandes y organizadas y es lo que me gusta y voy a implantar aquí. Sé que no tenemos los medios más modernos. Estamos empezando, pero tengo el firme propósito de reinvertir en el negocio todo lo que saquemos hasta tener una empresa como la que dices, es donde yo estoy más cómodo. ¿Hay algo más que te haga dudar?".

"No lo sé, quizá el futuro. Si no sale bien me puedo ver pasados los 40 años, sin trabajo y sin indemnización, me da un poco de miedo".

"No puedo garantizar que salga bien, pero yo ya sobrepaso esos 40 y todo lo que tengo lo he metido aquí. Fallar no es una opción y me voy a entregar totalmente para que esto sea mi futuro. ¿Te has hecho la pregunta al revés? Si sale bien, ¿te das cuenta en qué situación te encuentras? Si sale bien crecerás con la empresa y será algo tuyo".

"Sí, mío en cuanto se ha levantado con mi esfuerzo, pero nada más"

"Miguel, si te ofreciera tener parte de la empresa, ¿cambiaría algo la situación?"

"No estoy pensando en invertir, sino en buscar un trabajo".

"Quiero que quien se incorpore y sea mi mano derecha esté realmente comprometido. Estoy dispuesto a que parte de la retribución se haga en participaciones, de modo que también seas propietario. Tengo realizadas las oportunas indagaciones legales y fiscales sobre cómo hacerlo. No veas esto como un trabajo más, es una oportunidad de ser parte de algo que también sea tuyo".

Aquello pilló a Miguel totalmente desprevenido. No sabía que contestar, nunca había imaginado poder recibir una oferta así.

"Realmente cada vez me sorprendes más, me lo tendría que repensar mucho".

"Acepto que te lo tengas que pensar. Entiendo que no tienes una oferta en firme. Si te parece esta noche te hago llegar por mail una oferta concreta y hablamos en 48 horas".

"Me parece razonable. Así lo hacemos".

Fernando había dado la vuelta a un "no". Y decía que no era vendedor. Ojalá todos los que tengo yo en mi equipo trabajaran las objeciones de ese modo y fueran capaces de hacer ver al cliente los beneficios en vez de los problemas, de centrar la conversación en lo que une, no en lo que separa.

Este nuevo enfoque había descolocado a Miguel. Buscaba un trabajo y le proponían poder llegar a ser socio. Totalmente inesperado. Esperaría la oferta por correo electrónico y la valoraría.

La diferencia entre un vendedor promedio y el vendedor estrella queda claramente reflejada cuando escuchan el primer "no" de un cliente

---

Capítulo 17 - Reforzando lo que piensa

Antes de lo que esperaba tenía oferta en su bandeja de entrada. Era un documento bastante detallado y con una serie de anexos que justificaban mercantil y fiscalmente la propuesta de acciones que le proponía. Estaba muy trabajado y se veía que Fernando se preocupaba en hacer las cosas bien. Eso le gustaba.

Básicamente la oferta era una parte fija igual a la que tenía ahora y la parte variable se iría pagando en opciones sobre acciones. En cinco años tendría un máximo del 10 % de la empresa si se daban determinadas condiciones y seguía allí y sería en ese momento cuando se hiciera el traspaso legal de las participaciones. Adjuntaba también un documento que firmarían como anexo al contrato en donde se detallaban todas las condiciones y se contemplaban muchas posibles variables que podían surgir, así como el precio del porcentaje de la empresa que le pudiera corresponder si era despedido antes de los cinco años y ya hubiera ganado algunos derechos y que se le pagaría añadido a la indemnización legal.

Como había dicho, se lo tenía que pensar, aunque su primera impresión era negativa. Imprimió el documento para leerlo luego. Había quedado para andar en bici con el grupo con que salía una vez por semana.

Mirando el resto de correos vio uno de la empresa de selección. Le indicaba que la habían llamado un par de veces, pero no había contestado. Era cierto, tenía dos llamadas, aunque de números desconocidos que iba a devolver en ese momento. Le indicaban que había sido el candidato elegido y que contactara directamente con la empresa para acordar la fecha de incorporación. Las condiciones eran las que ya había hablado.

Ya estaba muy claro. La oferta de Sactum estaba por encima en sueldo de lo que cobraba ahora y, además, iba a tener verdadera proyección en pocos años.

Llegó al punto de encuentro antes de tiempo, el primero y enseguida apareció Pedro, que trabajaba en banca. Se saludaron.

"*Te veo raro*", le dijo Pedro.

"*No, para nada*"

"*Sí, estás despistado y tienes mirada ausente. Habitualmente tienes una mirada muy directa y hoy miras hacia arriba y a la derecha, estás dándole vueltas a algo. Si crees que te puedo ayudar me tienes a tu disposición*".

"*No sabía que eras psicólogo*".

"*No, no lo soy, pero sí que tengo una cierta habilidad para detectarlo. Me gusta la sinergología y puedo detectar ciertas micro expresiones. La tuya es de libro, de las que vienen subrayadas en el mismo. Vamos. Que en la siguiente edición van a poner tu foto para reforzarla*".

"*Ja, ja, ja, ja*" río Miguel. "*Sí, tienes razón. Tengo encima de la mesa dos ofertas de empleo y tengo que decidirme. Son antagónicas. Lo mejor de todo es que una es fantástica y la otra una castaña, pero no sé por qué hay algo que me dice que tengo que coger la mala, pero no tiene ni pies ni cabeza. Pero no te voy a liar, que por ahí ya veo a otros dos y enseguida llega el resto*".

Así quedó el asunto. Miguel había verbalizado que la oferta de Fernando era claramente peor, pero que había algo que le decía que la aceptara.

Una vez rodando, Pedro se acercó a Miguel. En contra de lo que este pensaba no le preguntó por las ofertas, sino que hablaron sobre aspectos de entrenamiento y de bicicletas. Le contó que uno de sus sueños eran poder competir en el Ironman de Hawái y que llevaba años dándose excusas para no comenzar los entrenamientos de natación y carrera, pero que hacía un mes había empezado con ello. Estimaba que le llevaría un par de años conseguirlo ya que había que obtener clasificación para ir allí y era muy exigente. "*Es algo que no puedo dejar de hacer. Dicen que al final de tus días te arrepientes no de lo que has hecho, sino de lo que no tuviste valor de hacer. No quiero que me pase*", le dijo antes de dejarse caer al final del grupo.

No sabía si lo que le había contado tenía doble intención o no. Desde luego a Miguel le llegó al fondo.

Esa noche según llegó a casa y antes siquiera de ducharse cogió el portátil y envío un correo a Fernando.

"Dijimos que contestaría en 48 horas. Eso sería el viernes. Permíteme hacerlo el lunes".

No hacía más que dar vueltas a la propuesta de Fernando. No tenía comparación posible, era claramente peor que la de Sactum, pero ¿por qué no podía quitársela de la cabeza? Cuantas más vueltas daba, más incertidumbre tenía. Aquello carecía de sentido.

Decidió racionalizar la decisión. Cogió una hoja y empleó el cierre de Benjamin Franklin, que había aprendido en el curso de técnicas de cierre de ventas.

Básicamente consiste en dibujar una T en una hoja y poner los pros a la derecha y las contras a la izquierda. Cuando se utiliza en ventas lo que se hace es llevar preparado en la cabeza al menos 7 u 8 argumentos a favor de nuestra alternativa y cuando el prospecto duda le decimos *"entiendo que tenga dudas al respecto. Vamos a ver si las clarificamos".* Cogemos una hoja, dibujamos la T y le pedimos que nos diga los factores positivos, que iremos anotando en la parte derecha. Por supuesto añadiremos los que nosotros ya teníamos pensados, de modo que tengamos unos 10 aspectos positivos. Le damos la hoja y le decimos, *"¿Cuáles son las contras?".* No habrá más que dos o tres, que serán las objeciones que tenemos que resolver para cerrar.

Nota: está muy manido, no te recomiendo que lo hagas con un posible cliente, te puede ver como un "trilero", pero puede ser muy útil "negociando" con tu hijo adolescente ☺.

Escribió las ventajas de Sactum a la derecha e intentó poner alguna de la oferta de Fernando a la izquierda, pero aparte de que podría tener en 5 años el 10 % de una empresa que fabricaba con máquinas arregladas con cinta aislante no encontraba ninguna otra. Estaba claro.

Miguel había pedido un plazo algo mayor porque el fin de semana quería quedar con un amigo de su confianza para contarle el dilema y pedirle su opinión. Era una persona sensata, casado, con tres hijos y conservador. Estaba seguro de que le reforzaría la opción de Sactum, que era la que su cabeza le decía que era mejor.

Tras explicarle lo que sucedía, e incluso enseñarle la hoja trabajada con las alternativas preguntó

"Y a ti, ¿qué te parece?".

"No estoy en tu piel y es complejo, seguro que me faltan muchos matices y es muy complicado darte una opinión".

"Tú siempre nadando y guardando la ropa, ¡mójate!".

"El tema está muy claro. Una es una oferta muy sólida y la otra no hay por dónde cogerla, ¿no?".

"Está clarísimo, veo que piensas lo mismo que yo, pero necesitaba que me lo reforzaran".

"Permíteme una pregunta, ¿qué es lo peor que podría pasar?".

"Que me quedara sin trabajo en unos meses o un par de años".

"¿Y lo mejor?".

"Que funcionara muy bien y fuera el dueño del 10 % de una empresa y tuviera un trabajo atractivo".

"¿Podrías vivir si te quedas sin trabajo en, dijéramos, un año?".

"Sí, sin problemas, ya encontraría otro. Ya sabes que no tengo responsabilidades familiares y dispongo de algún ahorro".

"¿Y podrás vivir con la incertidumbre de qué hubiera pasado si te hubieras atrevido?".

"Manu, no me fastidies, no me digas eso. ¿Crees de verdad que tengo que arriesgarme?".

"Yo no he dicho nada, todo lo has dicho tú".

"De verdad, ¿qué es lo que piensas?".

"Te voy a ser sincero. Ya sabes que no soy de esos, pero veo a una empresa como ese viaje de vacaciones serio, formal y siempre estupendo, de los que nunca fallan, de las que me gustan. La otra empresa la veo como esas vacaciones alocadas para disfrutar, pero que pueden salir mal. Yo siempre elegiría la primera, pero la segunda, si se asienta, puede hacerte realmente feliz. Si has quedado conmigo es porque tus entrañas te piden la locura y tu cabeza la seguridad. Los grandes negocios honrados siempre se hacen siguiendo el instinto, el corazón, nunca el cerebro, esos otros son negocios que no tienen alma, desalmados".

"Me acabas de desarmar. Te había llamado para que me convencieras de una cosa y me has encelado con otra".

"Y dale, que yo no he sido, que eres tú mismo. Solo he ayudado a que tu verdadera decisión aflore, que hagas lo que realmente está pidiendo tu yo".

"Me voy a acordar de toda tu familia, lo sabes, ¿no?".

"Ja, ja, ja, ja si no lo haces te arrepentirás. ¿Puedo darte algún consejo?".

"Por favor, te lo pido".

"Mira, ya metidos en faena, creo que puedes mejorar las condiciones que te ofrece y si te vas a arriesgar, hazlo a lo grande. Si sale mal estarás muy parecido, pero si sale bien podría haber mucha diferencia".

"No entiendo qué quieres decir".

"Dices que te ha ofrecido el mismo sueldo que ahora y hasta un 2 % anual que se consolidaría en un 10 % al final de cinco años. No tienes necesidades económicas inmediatas por lo que le podrías plantear reducir tu sueldo al mínimo aceptable para ti, lo que te permita sobrevivir sin más y aumentar la parte variable. A él le podría venir muy bien ahora y tú tener un porcentaje mayor de la empresa".

"A ver, a ver, me está gustando lo que planteas, ¿podemos darle una vuelta?".

Estuvieron trabajando en esa línea y Miguel se fue con los deberes de hacer números con más detalle para plantear una alternativa el lunes. Acordó que en vez de enviar un correo se vería con Fernando en persona. En ese mismo momento cogió el móvil y le envió un WhatsApp. En un par de minutos obtuvo una respuesta. Fernando tenía la mañana comprometida. Se veían el lunes a las 15 horas.

Las grandes decisiones son siempre emocionales, aunque hay que pasarlas por el tamiz de la racionalidad

---

Capítulo 18 - La venta es emocional

Estuvo todo el fin de semana haciendo números. Cuanto más trabajaba en ello, más se iba ilusionando con el proyecto. Llegó un momento en el que hasta le daba miedo no llegar a un acuerdo y tener que ir a Sactum.

La toma de decisiones y la compra es un proceso emocional. Según Paul MacLean, médico y neurocientífico americano de la segunda mitad del siglo XX, tenemos tres partes diferenciadas en el cerebro (es lo que se denomina la teoría del cerebro triuno):

- Sistema reticular o cerebro reptiliano. Es donde residen los instintos y regula las funciones automáticas: respirar, bombeo de sangre... Solo vive el momento presente.

- Sistema límbico. Se encarga de las emociones. Es capaz de tener recuerdo y funciona a muchísima velocidad concatenando y analizando vivencias y recuerdos.

- Sistema racional o neocortex. Es la parte consciente del cerebro y en donde tomamos las decisiones racionales (o así lo creemos nosotros).

Para los estudiosos de esta teoría, las decisiones se toman en el sistema límbico, emocional, se contrastan con el reticular para analizar posibles peligros y si no se detectan inconsistencias pasan a la parte racional para justificarlo. Si no hay disonancia decidimos, si la hay, genera confusión e indecisión.

Según ellos, todas las decisiones se toman en la parte inconsciente del cerebro y nosotros ni nos enteramos. Solo lo hacemos de una pequeñísima parte de ellas, que son las que llegan a la parte racional consciente.

Los vendedores debemos ser conocedores de ello. Nuestros clientes van a tomar la decisión por la emoción, aunque la pasarán por el tamiz de su parte racional, pero quien manda siempre es la parte límbica. Sin convencer a esa parte nunca venderemos.

Esto mismo le había sucedido a Miguel. Su parte inconsciente quería disfrutar del reto que suponía la empresa de Fernando, pero su cerebro reticular le avisaba del peligro y ponía en funcionamiento a la parte consciente, a la corteza prefrontal del cerebro, que racionalizaba y no entendía cómo siquiera podía plantearse esa locura.

La conversación con su amigo había hecho que la parte límbica saliera a la luz y tomara control. Desde ahora dominaban las emociones, se había abierto la puerta del cercado y disfrutaban a prado libre fuera del mismo.

Ha tomado una decisión. Son momentos de ebullición de ciertos neuro transmisores, que provocan una orgía de emociones, que nos llevan de la euforia a la duda, y de esta a la ilusión y vuelta al miedo, según nuestros pensamientos van pasando por los tres estadios cerebrales.

Es el tiempo de la creatividad y de vivir plenamente la vida.

Así pasó el fin de semana, en una montaña rusa emocional imaginando al mismo tiempo que se pegaba un batacazo y que triunfaba como empresario.

Decidió proponer a Fernando reducir su sueldo al mínimo, pero poder llegar a tener el 25 % de la empresa y no ligado al tiempo, sino a unos hitos concretos. A medida que sucedieran iría consolidando sus porcentajes del 5 en 5% hasta llegar a esa cuarta parte, de modo que podía no conseguirla nunca o hacerse con ella en solo 2 o 3 años si todos los astros se alineaban a su favor.

El domingo por la noche estaba exhausto. Antes de las 21 h. Ya estaba dormido.

El lunes tenía la reunión de coordinación y después tenía previsto ensayar la puesta en escena de la propuesta, la presentación de la misma, así como entrenarse en la respuesta a las posibles objeciones que tuviera.

En la oficina se le veía radiante, exultante, lleno de energía.

"Menuda cara de gilipollas feliz que traes, este fin de semana has triunfado, ¿no?", le decía uno de los técnicos nada más verle.

"No te lo puedes ni imaginar".

"Pues nada, nada a disfrutarlo, pero con cuidado que ya tienes una edad".

La mañana no fue como tenía previsto. Se complicó y no pudo preparar nada. Aun así, a las 15 horas estaba puntual en la cita con Fernando.

Los dos estaban nerviosos y evitaban atacar de frente la conversación. Al final fue Fernando quien preguntó sobre la decisión tomada.

Miguel preguntó en ese momento por el papel del antiguo propietario. Necesitaría que le eche una mano con el aspecto comercial.

"No te lo puedo prometer. Depende de él. Ahora está en el sur. Tiene allí una casa y cuando dejó la empresa se asentó en ella. Creo que su idea es pasar la mayor parte del tiempo en esa zona. De todos modos, creo que no habría problema en que después del verano pasé aquí unas semanas y te apoye en los primeros momentos".

Con esa baza bastante segura hizo su propuesta.

La cara de Fernando dejó muy claro que no le gustaba en absoluto. Pidió unos minutos para reflexionar y se fue a su laboratorio.

La tarde fue muy larga y con continuos parones por ambas partes, en los que se incluían llamadas a asesores legales para comprender y aclarar algunos puntos de lo que hablaban.

Pasadas las 22 horas llegaron a un acuerdo intermedio entre la propuesta inicial de Fernando y la que Miguel traía trabajada del fin de semana.

Se incorporaba tras el verano. Estaban a finales de junio y comenzaría a trabajar oficialmente el primero de septiembre, aunque tenía intención de dedicar tiempo a su nueva empresa ya desde el momento que cesara en su trabajo actual. Quería ir conociendo los productos, clientes y el mercado en general. Tenía, además, mucho trabajo de oficina de planificación y preparación por delante.

La clave de una negociación exitosa no está en la inspiración en la mesa, sino en la preparación en el despacho

---

Capítulo 19 - El trabajo comercial de base es esencial

Miguel había conseguido un nuevo trabajo por el que había pasado desde el rechazo frontal inicial a una tremenda ilusión actual.

Tenía mucha tarea por delante, pero era consciente de que sería ahora o nunca. Le faltaban muchos datos y, seguramente, gran parte de lo que hiciera tendría que modificarlo. No importaba. Es más sencillo corregir algo que redactarlo nuevo. Ahora podía hacerlo, luego seguramente no y como estaba seguro de que no tendrían dinero para contratar un consultor, lo prepararía él y ya se corregiría en un futuro.

Recopiló sus libros sobre ventas y marketing y trazó un plan. Tendría hasta el 1 de septiembre para tenerlo terminado. Muchísimo trabajo. Asustaba, pero era consciente de que las carreras de 100 kilómetros empiezan con un paso. El suyo era poner por escrito lo que tenía que preparar. Así lo hizo:

1. **Qué tenemos que vender y a quien.**

a. Análisis DAFO

b. Análisis de Competencia

c. Definición de segmentos de mercado

d. Definición de cliente ideal

e. Definición de los "buyer persona" (representación ficticia de nuestro cliente ideal a quien atribuimos esta identidad y le dotamos de características concretas que nos ayudan a visualizarlo. Un ejemplo sería "Juan vive en un núcleo urbano a las afueras de Madrid. Tiene poder de compra en su empresa, alrededor de 30 años y además de una titulación universitaria ha estudiado un master y sigue aprendiendo de manera activa. Sabe mucho de marketing y acude a eventos como asistente, habiendo llegado a impartir alguna conferencia a pequeña escala. Está soltero y practica deporte de manera regular").

f. Elección de nichos

2. Por qué me tienen que comprar a mí

a. Propuesta de Valor para cada nicho
b. Elección de gama de productos por nicho
c. Tablas de características, ventajas y beneficios para cada nicho
d. Respuesta a la pregunta ¿Por qué me tienen que comprar a mí?
e. Redacción de los beneficios

3. Diseño de la actividad comercial

a. Procesos de ventas
b. Actividad a realizar y quien
c. A quien hay que visitar
d. Cuanto hay que visitar
e. Cómo hay que visitar
f. Qué hay que contar
g. Qué hay que entregar
h. Qué se reporta y donde
i. Cómo se hace el seguimiento
j. Qué tiene que saber el comercial
k. Qué soporte tendrá
l. Cuáles son los indicadores clave
m. ...

4. Qué tiene que saber y hacer el comercial para llevarlo a cabo

a. Plan de acogida
b. Formación inicial

c. Acompañamiento primeras visitas
d. Disponibilidad de su responsable
e. Preparación del plan comercial inicial

5. Cómo me aseguro que se realizaban las actividades clave. Papel del responsable comercial

a. Qué reuniones periódicas tendrán con el equipo (diarias, semanales, mensuales, trimestrales, anuales)
b. Qué debe pasar en cada reunión
c. Cómo darán retroalimentación
d. Acompañamiento de comerciales
e. Qué seguimiento harán
f. Semáforos Ámbar y Rojos. Cómo detectarlos

Tener unos buenos resultados no es cuestión de magia o suerte, sino de reflexión, orden, trabajo y tener el plan por escrito.

Miguel era consciente de ello y se puso a trabajar muy duro. Tenía menos de dos meses.

Y tú, ¿tienes este trabajo hecho o confías en que sean tus comerciales quienes hagan magia y saquen conejos de la chistera?

Capítulo 20 - Primeros pasos en la nueva empresa

Fue un trabajo muy duro y exigente que combinó con algunos días de descanso y recuperación de fuerzas para comenzar en su nueva ocupación al máximo desde el principio.

A lo largo del mes de agosto consiguió terminar con todo. Muchos de los aspectos de manera superficial y otros con mayor detalle. Sabía que debía contrastar muchos puntos de lo redactado, pero al menos estaba hecho, que no es lo mismo que enfrentarse a una hoja en blanco. Este trabajo de consultoría hubiera costado un buen dinero si se hubiera encargado hacer externamente. No era perfecto, pero tampoco lo sería lo del consultor.

De nuevo era consciente de que la planificación es clave en la obtención de resultados a medio y largo plazo en cualquier trabajo comercial y era lo que había realizado con bastante detalle. No pretendía ponerse a vender el primer día; de hecho, sus visitas a clientes no debían de ocuparle más allá de la mitad de su tiempo. Pronto se dio cuenta de un error.

Cuando negociaba con Sactum uno de los puntos esenciales para aceptar la oferta era una formación en liderazgo y aquí, con la emoción e ilusión por ser parte de un proyecto con gran futuro, se había olvidado de ello, lo había obviado y fue consciente ya el primer día.

Los dos comerciales, que pasaban a depender directamente de él, no aceptaron su presencia de buen talante. Dejaron muy claro que los que conocían el mercado eran ellos y que no viniera con *"ideas estrambóticas"*, en palabras textuales, *"a complicar las cosas"*. *"Allí siempre se habían hecho la labor comercial de una determinada forma y no había por qué cambiarlo"*.

No quiso entrar a disputas desde el primer momento e hizo como que no le afectaban esas palabras, aunque sí que lo hacían, y mucho. Rápidamente dio por finalizada aquella primera reunión diciendo lo de *"señores, pues a la calle a vender"*.

Había acordado con Fernando que la primera semana la iba a pasar con el reparto, quería conocer a todos los clientes: dónde estaban, cómo eran sus instalaciones, los problemas de entrega de productos, etc. Era una parte esencial del negocio.

Su forma de trabajar es que los comerciales -o el propio cliente, aunque era lo menos habitual- traían los pedidos, Marga, la administrativa, los introducía en el programa informático y se repartían al día siguiente.

Los comerciales tenían cinco rutas, una para cada día de la semana y el reparto se hacía en 24 horas en cada una de ellas. Si, por lo que fuera entraban pedidos de otras zonas se "encajaban" del mejor modo posible, o se hacía un viaje adicional. Esto había que mejorarlo, entendía Miguel. Había mucho campo de desarrollo, era problemático, sobre todo cuando había algún día de fiesta entre semana.

La organización del reparto con este método era buena. José, que así se llamaba el repartidor, tenía organizado su trabajo del modo siguiente: entraba a las 7 horas y salía a las 16h, mientras que los demás lo hacían a las 8.30h y salían a las 17.30h.

Llegaba a las 7h y cargaba todos los pedidos en el furgón y salía. Sobre las 12h (dependiendo de las rutas) estaba de vuelta y hacía algún viaje adicional si era necesario. Si no lo era echaba una mano en fabricación hasta las 13h, que se tomaba 60 minutos para comer y descansar. De 14 a 15 horas volvía a realizar trabajos de producción: envasar, llenar cubas, primer control de calidad y similares y la última hora de su jornada la dedicaba a ir preparando los pedidos del día siguiente, que los dejaba en una zona de almacén destinada al efecto. Por cierto, está muy contento con las nuevas instalaciones, ya que en las anteriores no disponía de esta zona.

Si surgía algún pedido o modificación desde que él salía, Marga se lo dejaba indicado en una bandeja que tenían para tal fin. De ese modo lo completaba a primera hora y cargaba el furgón en orden inverso al que iba a repartir, teniendo cada pedido en un contenedor y salía en cuanto estuviera listo, siempre con una lista perfectamente preparada y ordenada sobre su ruta. Dejaba una copia para Marga. Antiguamente era imprescindible si querían localizarle, hoy, con el teléfono móvil no lo era, pero la costumbre es la costumbre, se convierte en hábito y no lo había abandonado. Eso lo seguía haciendo como siempre. Era realmente eficaz y eficiente.

Esa primera semana Miguel le acompaña en su trabajo y aprendía de él y así conoció a la mayoría de clientes, al menos a los que habían hecho un pedido. Ya podía poner una imagen en su cabeza de todos ellos. José era un gran trabajador, muy comprometido con lo que hacía y dispuesto a cualquier cosa que se le pidiera. De hecho, le pidió ayuda para algunas modificaciones de trabajo que consideraba importantes, todas ellas relacionadas con el departamento comercial, al que acusaba de ser demasiado cómodo y no preocuparse por administración, almacén, producción ni reparto. Con algunos pequeños retoques todos ganarían. A Miguel le parecieron razonables, pero todavía no tenía visión global para proponer nada. Así se lo hizo saber.

La segunda semana estaba destinada a salir con cada uno de los comerciales un día y de los otros tres dedicar uno a estar sentado al lado de Marga, otro con producción y almacén y el tercero con Fernando en "su cueva".

El lunes volvió realmente decepcionado de su día con Lucho, el comercial más veterano. Era un "recogepedidos" y además malo. Amigo de los clientes, con una organización nefasta de la ruta y con nula gestión de su tiempo. Estaba claro que había mucho trabajo. A él no le dijo nada. Se limitó a observar y comentarlo después con Fernando.

El martes fue un calco del día anterior. A Fermín le había enseñado Lucho y tenía todo lo negativo y nada de lo positivo del primero. Si ayer era decepción hoy era un estado cercano al abatimiento. No entendía cómo la empresa podía sobrevivir con ellos. El nivel de compromiso de ambos era nulo y para Miguel no llegaban siquiera a estar implicados. Iban, pasaban por los clientes, preguntaban qué querían y tomaban nota. No intentaban vender, no rebatían... eso sí, no hacían otra cosa que decir que había que bajar los precios.

Por suerte el miércoles y jueves el panorama fue diferente. Marga y Carlos estaban realmente comprometidos. Tenían mucha ilusión por la nueva situación de ser fabricantes y veían un futuro por construir. No eran precisamente jóvenes y tenían muchas limitaciones en cuanto a formación, pero su actitud era fantástica. Estaba seguro de poder formar un gran equipo con ellos.

El viernes tocaba estar con Fernando. Ahí se percató de que tenían un gran futuro. Era una persona muy organizada, analítica y metódica y con muchas ganas de centrarse en producto y en investigación y desarrollo del mismo. Había sido capaz de formular los productos y, por lo que parecía, mejorarlos. De hecho, algún cliente ya lo había comentado. Ahora con la incorporación de Miguel pretendía desentenderse de los aspectos comerciales y centrarse en los de desarrollo de producto. Tenía varios en mente en espera de tener tiempo.

Con el paso a fabricar habían ganado mucho margen bruto, rapidez de respuesta y posibilidad de adaptación de productos a los clientes. Todo un acierto, que veía toda la empresa, excepto los comerciales que pedían que con ese mayor margen lo mejor era bajar los precios. Menuda pelea iba a tener Miguel con ellos dos.

Ya había pasado por todos los puestos de la empresa, los conocía con detalle y desde el lunes tocaba ya tomar las riendas comerciales. Iba a ser una pelea dura, muy dura, mucho más de lo que él había imaginado.

Ese fin de semana decidió tomárselo con calma, recuperar fuerzas y llegar con plena energía a la batalla que le esperaba. Tocaba lidiar un toro complicado, pero "*en peores plazas he toreado*", se decía.

Descansar adecuadamente y poder limpiar la mente es una parte esencial del alto rendimiento profesional

---

Capítulo 21 - La dichosa resistencia al cambio

Lunes, 8.15 horas. Miguel ya estaba en la oficina. Era el primero, exceptuando a José, que ya había estado allí y salido con los pedidos recogidos -nunca mejor dicho el término- el viernes, que se entregaban el lunes. Era una ruta corta. Muchos de los clientes de hostelería tenían ese día como de descanso semanal. Solía aprovechar para hacer alguna entrega adicional fuera de ruta.

Tanto Marga como Fernando, como Carlos fueron llegando y a las 8.30h ya estaban trabajando, pero ni Fermín ni Lucho habían llegado para la hora fijada. El primero llegó con más de 10 minutos de retraso y se puso un café y el segundo casi a las 9h con un *"menudo tráfico había hoy"*.

Inmediatamente a su llegada Miguel convocó a todos en una salida que tenían para ello. Le costó casi 15 minutos meter al rebaño al redil. Además, cuando ya parecía que estaban todos, se despistaba un segundo y alguno de ellos salía con una disculpa. Una vez ya sentados les dijo que desde ese mismo día se reunirían todos los lunes a las 8.30h durante 30 minutos para coordinar la semana. No había excusas, era obligatorio asistir y llegar en hora.

¿Adivináis quienes fueron los únicos que pusieron pegas? No hay que ser muy lince, ¿verdad?

Miguel presentó un orden del día que seguirían todas las semanas:

1. Repaso de la semana anterior. Hechos destacables, pedidos pendientes, reclamaciones de clientes, situaciones excepcionales, etc.
2. Puesta al día de los proyectos en curso y temas retrasados.
3. Aspectos especiales y/o avisos para la semana que entra.

4. Temas varios que alguno quisiera abordar y que había que anticipar como más tarde el viernes a las 14.00h para que pudieran prepararse por el resto.

Él moderaría la reunión e insistió en que para las 9h tenía que estar acabada. No era el momento de discutir, sino de informar. Si había algo que debatir fijarían en ese momento tema, día, hora y asistentes a la misma.

También informó a Lucho y Fermín que a las 9 en punto se reunirían ellos tres para tocar temas comerciales, así que, por favor, reorganizaran su ruta para salir de allí no antes de las 9.30h. De nuevo problemas, pegas y protestas. A punto estuvo de decirles que para lo que realizaban no pasaba nada si no salían en toda la mañana. Se contuvo. Fue firme y dijo que era un tema "no discutible".

Una vez se quedó con ellos dos les expuso su idea y les enseñó el plan que había preparado en verano (ver capitulo 19). Le miraban como las vacas al tren: con sorpresa al principio e indiferencia posterior. Solo les faltaba bostezar. Se limitaron a ser pasivos, escucharon, pero no aportaron nada.

No tenían ni la más mínima intención de hacer reportes de visitas ni modificar nada de lo que estaban haciendo: *"no nos va nada mal así"*. *"Mira hasta donde hemos llegado"*. *"Si bajáramos algo los precios venderíamos mucho más y sería mejor para todos"* era todo lo que conseguía que dijeran.

De buscar nuevos clientes ni hablaron y de modificar rutas tampoco, ni mucho menos de tener un plan de introducción de productos que no comprara cada cliente. *"No compran más porque vamos caros"*. En ese momento ya no le quedaban dudas de que lo mejor era asesinarlos, el único interrogante era si de forma rápida o lenta.

Inspiró profundamente y espiró lentamente media docena de veces, se relajó y dio por terminada la reunión. Se estaba poniendo muy nervioso y no estaba caminando por el camino correcto y cuando te das cuenta de ello lo mejor es parar a mirar el mapa.

Les dijo que ya era muy tarde, que salieran a hacer su trabajo y que al día siguiente dedicarían los primeros 30 minutos a hablar de todo esto. Lo harían así toda la semana. Les rogó máxima puntualidad para comenzar en hora y que pudieran salir pronto a hacer las visitas comerciales.

Cuando salieron se quedó solo en la salita, sin saber muy bien cómo enfrentarse a esa situación. No quería imponerse ni comportarse de modo dictatorial, no era su estilo y además estaba seguro de que no era lo correcto.

A los pocos minutos entró Fernando

"¿Qué tal te ha ido?".

La cara que puso Miguel no dejaba equivoco.

"No va a ser nada fácil cambiar lo que realizan. Están demasiado acomodados y cualquier cosa diferente que pides es un problema para ellos", prosiguió Fernando.

"Realmente complicado. No sé cómo afrontarlo. No se puede permitir, pero enfrentarse abiertamente estoy convencido de que es un error".

Así es, Miguel tenía razón. Una situación de esas características es muy compleja y no se cambia de la noche a la mañana.

Puedes emplear el poder y la coacción, si lo tienes tú, claro, (muchas veces no es así, aunque lo parezca porque la otra parte sabe que no puedes afrontar un despido o inclusive lo está deseando para cobrar la indemnización), pero es una solución válida a corto plazo, pero tremendamente negativa a largo. Este tipo de problemática solo se puede solucionar con paciencia. Para empezar tienes que conseguir que recuperen la ilusión que algún día tuvieron y, con ella, facilitar el que aprendan nuevos aspectos, los utilicen, consigan resultados y entres en un círculo virtuoso. No es sencillo, pero es la única alternativa.

Miguel no conocía la teoría del liderazgo situacional de Hersey y Blanchard[2], que es la que nos viene a contar lo referido en el párrafo anterior, pero estaba en lo cierto en su percepción.

Tenía previsto comenzar a visitar clientes y modificar conductas de los comerciales, pero vista la situación y que la semana siguiente el anterior propietario estaría por allí y podría hablar con él, decidió centrarse en preparar un plan de penetración en los principales 20 clientes y tenerlo listo para implantar en breve.

Esa semana continuó manteniendo las reuniones de media hora al comienzo de la jornada. Para su sorpresa, en esta ocasión, positiva, tanto Fermín como Lucho estaban todos los días puntuales en la oficina a las 8.30h.

Analizaban lo que hacían y Miguel proponía alguna acción de penetración para un cliente que fueran a visitar cada día, con una oferta concreta de algún producto que comprara en el pasado y que ahora no lo hace o alguno en donde hubiera buen margen. También les daba alguna indicación sobre cómo ofrecerlo. El mismo martes Fermín lo logró y estaba muy contento. El miércoles, seguramente por orgullo, Lucho también lo hizo. Eso les animó y dio fuerzas para seguir intentándolo.

Si quieres modificar comportamientos, no pongas grandes metas iniciales. Propón pequeños pasos en la dirección correcta y asegúrate que las personas tengan muy claro lo que tienen que hacer y de que consigan pequeños éxitos. Esto facilitará coger inercia y todo será más sencillo

---

2. "*Management of Organizational Behavior*" - Hersey y Blanchard (1969)

Capítulo 22 - La experiencia es un grado

El lunes por la mañana, tal y cómo había prometido, don Julio estaba en la fábrica. Pasó casi toda la mañana saludando abrazando y hablando con su antiguo equipo y revisando las nuevas instalaciones, que, todo hay que decirlo, le agradaron sobremanera.

Poco tiempo tuvieron de hablar con detalle y rápidamente llegó la hora de comer. Salieron Fernando, don Julio y Miguel a comer juntos y estuvieron comentando aspectos generales de la compañía, nada concreto, que era lo que realmente Miguel pretendía. Después de comer, don Julio se excusó y dijo

"Me vais a disculpar, le he prometido a mi mujer que esta tarde le acompañaba a unas compras que tiene que hacer. Mañana por la mañana estoy otra vez por aquí"

Aquello fue como un jarro de agua fría. Tenía pocos días de estar con él y encima iban a ser solo de mañana.

El martes por la mañana sí que lo dedicó por completo a Miguel. Le explicó con detalle la historia de la empresa, quien era quien en los clientes, cómo los captaron, qué les importaba de verdad, cómo debía de comportarse con ellos e incluso le habló de algunos perdidos y que podían intentar recuperar.

Fue una mañana muy productiva. Incluso se ofreció a realizar unas llamadas y agendar visitas conjuntas con Miguel a los clientes más importantes y a alguno que ya no compraban y que les presentaría.

Miércoles y jueves los dedicaron, mañana y tarde, a esas visitas. Aquello sí que supuso una tremenda subida de moral para Miguel. Recuperaron alguna cuenta y consiguieron compromiso de prueba de los nuevos productos que ahora producían y *"habían mejorado notablemente el consumo y la eficacia, llegando a suponer un ahorro importante, aunque el precio de entrada fuera superior"*, contaba don Julio, que no tenía formación comercial concreta, pero había que ver lo bien que vendía.

Supuso para Miguel un grandísimo aprendizaje, ya que tuvo charlas profundas con el fundador de la empresa, un hombre hecho a sí mismo, sin una titulación universitaria ni estudios formales de ningún tipo, pero que había sido capaz de, empezando de cero, crear una empresa y hacer vivir de ella a otras personas. Era un hombre vivaz, lleno de ímpetu y que no se arrugaba ante las dificultades que había tenido y habían sido muchas. Muy luchador. Un ejemplo al que mirar y seguir. Muy cabal y con gran sentido común. A pesar de tener un carácter fuerte sabía controlarlo y tenía una gran "mano izquierda"[3].

En estos cuatros días hablaron de todo, incluso de los problemas que tenía Miguel con sus comerciales. Don Julio toreaba aquellos embates de Miguel con excelsa maestría. Recogía el reto, lo envolvía y, de repente, sin saber bien cómo, se encontraban hablando de otra cosa, en otro tercio. No había forma de afrontarlo.

El viernes estuvieron con Fernando toda la mañana poniendo en común lo que habían hecho durante la semana y trazando un plan sobre la actuación a corto plazo.

Don Julio era partidario de aprovechar la nueva situación de ser fabricante para buscar pequeños distribuidores locales a los que se les facilitaría un servicio más cercano e individualizado que el que obtenían del resto de fabricantes, que estaban, en el mejor de los casos a más de 400 kilómetros de distancia y eran empresas muy burocratizadas.

Trabajando bien ese aspecto, estaba seguro de poder captar buenos clientes. También podían entrar en el mercado de hostelería de gama alta, que valoraban una buena limpieza de productos y máquinas impecables. Tenían que producir una línea "*Premium*" con la que competir. Si Fernando era capaz de lograrlo, él mismo podía abrir muchas puertas en ese nicho de mercado. Conocía a muchos de esos restauradores y algunos le tenían gran aprecio, lo que facilitaría el que, al menos, probaran el producto.

3. Expresión taurina que separa a los normales de los mejores. Torear con la derecha es fácil, dicen, torear con la izquierda solo lo hacen los extraordinarios. De ahí ha pasado a otros ámbitos y se utiliza en términos empresariales para indicar que el directivo sabe ganarse a las personas y utiliza su autoridad y no su poder para dirigir.

Comieron juntos. Don Julio aprovechó ese momento

"Miguel, has estado toda la semana intentándome contar los problemas con Lucho y Fermín, quería que estuviera Fernando presente cuando tuviéramos esta conversación. Él sabe que el principal motivo de venderle el negocio era que las cinco personas que trabajaban para mí no se quedaran sin trabajo. No son las mejores, incluso acepto que tengan defectos importantes, pero son mi equipo. Algunos llevan conmigo, no desde el comienzo, pero sí muchos años y quiero que estén en esta empresa hasta que se jubilen. Era una condición no escrita que puse.

Cuando yo era joven me ofrecieron un puesto muy interesante. Yo estaba trabajando en una empresa seria y pregunté: ¿este puesto es fijo? La respuesta que me dieron fue: el puesto sí, la persona no. En este caso es al revés, las personas son las que son fijas y tenéis que mantenerlas, no podéis prescindir de ellas".

"Es cierto, así me lo dijo. Creo que ya lo sabías Miguel".

"Sí, lo sé, pero es que no hay forma de que modifiquen lo que hacen y necesitamos cambiar".

"Repasemos la situación si os parece" interpeló don Julio. *"Por lo hablado estos días, estáis manteniendo las ventas que teníais antes y el margen es mayor al producir. Con ello, aunque hay algún gasto adicional, la empresa tiene que estar más saneada, aunque al incorporarse Miguel necesitáis mayores ventas para cubrir su coste. ¿Estoy en lo cierto?".*

"Sí, visto así, es correcto".

"Entonces, si la estructura anterior está cubierta y lo que necesitáis es mercado nuevo, ¿dónde creéis que hay que poner el foco? ¿En intentar que los comerciales hagan lo que no son buenos y se quemen o conseguir que mantengan lo que hay y centrar vuestros esfuerzos, los de Fernando y Miguel, en abrir nuevos mercados que os proporcionen ese margen adicional?"

"¿Puede repetir ese razonamiento?" Solicitó Miguel.

Don Julio sabía que había llegado al fondo de la cuestión y que lo habían entendido. La comida continuó adentrándose en ese razonamiento.

"Julio, muchas gracias por hacernos ver una realidad evidente, pero que estaba oculta a nuestro pensamiento, centrado en conseguir cambios en comportamientos y no ver otras grandes oportunidades que se nos abren. Creo que tienes previsto volver al sur el lunes, ¿podrías quedarte una semana más y trabajarlo con Miguel, por favor?"

"Complicado, muy complicado. Se lo he prometido a mi mujer y además el martes vienen a nuestra casa de allá abajo su hermana y mi cuñado a estar unos días. Tengo que estar allí. Podría ser después del puente del 12 de octubre"

"Demasiado tarde. Eso son más de tres semanas desde ahora y tenemos que movernos muy rápido. Tenemos excedente de caja, pero necesitamos crecer en ventas o en unos meses, cuando entre la época floja vamos a tener problemas de tesorería. No me gustaría perder ese tiempo".

"Vamos a ver, si Miguel está dispuesto yo puedo trabajar con él mañana. El domingo tengo una comida con mi cuadrilla de aquí. Si fuera necesario podría salir el lunes después de comer, pero no más tarde".

"Trabajemos duro mañana" apostilló Miguel.

Muchas veces no vemos lo evidente y nos centramos en conseguir que los demás cambien, cuando la verdadera solución está en lo que nosotros podemos hacer

---

Capítulo 23 - La reunión con don Julio

"Como ya sabes, el grueso de nuestros clientes está en hostelería y, en eso, tanto Fermín como Lucho se mueven bien y sacan pedidos suficientes. Creo que tú tienes que entrar en otro tipo de mercados. Tienes conocimientos y formación en ventas para hacerlo. Además, ahora tenéis producto, o podéis adaptarlo", comenzó Julio diciendo.

"Sí, mira yo tengo mucho trabajo hecho y me gustaría repasarlo contigo para ver qué te parece y donde nos podemos enfocar. Antes de entrar trabajé en segmentar mercados. Seguro que hay más, pero estos son los que encontré:

a) Hostelería. *Nos referimos a él como a esos establecimientos que no disponen de comedor, aunque sí pueden disponer de cocina.*

b) Restauración. *En este caso, estos establecimientos, además de la actividad de hostelería, sirven comidas al público.*

c) Distribuidores. *Este mercado es el de aquellos que compran productos para revenderlos a terceros.*

d) Empresas de Limpieza. *Compradores de grandes cantidades y de pocos productos.*

e) Empresas de Catering. *Una mezcla entre empresas de limpieza y hostelería.*

f) Obradores de panadería y pastelería. *Este mercado es muy similar al de las empresas de Catering y con necesidades como las de ellos. Se puede diferenciar en cuanto a que en muchos de los casos tendrán establecimientos de venta al público que necesitan productos de limpieza adicionales.*

g) Residencias. *Otro sector específico y sobre el que resultará sencillo obtener bases de datos con las que trabajar. Es un mercado muy atomizado con múltiples establecimientos en cada municipio* *h)* ***Colegios****. Sencillo de encontrar bases de datos y hacer campañas específicas.*

i) ***Gimnasios y clubes deportivos****. Igual que el anterior.*

j) ***Peluquerías****. Puede haber productos específicos (ambientadores, por ejemplo) que pueden ayudar a entrar.*

k) ***Establecimientos Sanitarios****. Se pueden incluir tanto los destinados a las personas (clínicas dentales) como a los animales (clínicas veterinarias). Pueden tener productos específicos, que al componente limpieza añadan el de desinfección.*

l) ***Talleres Mecánicos****. Los productos principales que utilizarán serán jabones muy específicos para la grasa, tanto para las manos como cuerpo (ducha). Comprará directamente el dueño.*

m) ***Talleres de Producción****. Aquí tenemos talleres e industrias muy diversas, cuyas necesidades serán muy parecidas a la de los talleres mecánicos, aunque su proceso de compra será diferente".*

"Está muy bien esta lista. Nos va a ayudar mucho".

"Además, tengo trabajados nichos, propuesta de valor, beneficios y proceso de ventas para cada uno de ellos. Mira en hostelería tengo los siguientes nichos:

- *Bar de barrio*
- *Cafetería de barrio*
- *Establecimiento de zona de paso*
- *Bar de noche y copas*

Y en restauración:

- *Menú del día que compite por precio*
- *Menú del día que compite por calidad y servicio*
- *Establecimiento de comida rápido o de paso*

- *Establecimiento con gran barra de pinchos y tapas*
- *Restaurante de carta"*

"Espera, espera, no tan deprisa. Si te parece, vamos a ir por pasos. Primero vamos a determinar que hay que trabajar. Desde mi punto de vista, dejaría hostelería tal y como está e intentaría trabajar en la gama alta; esto es, en aquellos establecimientos que valoren la calidad y estén dispuestos a pagarla, ¿cuáles crees que son?".

"Por lo que conozco estarán en restaurantes de carta, cafeterías en buenas zonas, bares de copas y menú del día que no compitan por precio".

"¿Cómo harías para poder vender a esos establecimientos?".

"He desarrollado dos tipos de procesos. El primero para cuando el dueño del establecimiento esté en él y el segundo para cuando no sea posible localizarle allí, por horario o no presencia:

Todo el proceso por un comercial

a) Visita personal del comercial

b) Contacto con el propietario

c) Solicitud de 15 minutos sin interrupción

d) Fijación de cita

e) Presentación de empresa

f) Indagación de necesidades

g) Presentación de soluciones

h) Propuesta de prueba

i) Oferta y cierre de primera compra

j) Seguimiento de pedidos

Prospección y captación diferenciada

a) Visita del comercial

b) Averiguar nombre del comprador

c) Concertar visita de un captador (puede hacerse desde la oficina)

d) Presentación de empresa

e) Indagación de necesidades

f) Presentación de soluciones

g) Propuesta de prueba

h) Oferta y cierre de primera compra

i) Seguimiento de pedidos por parte del comercial de zona

"Bien, me gusta, puedes analizar qué funciona y qué no, pero ¿cómo vas a localizar a quien te interesa: aquel que busca calidad?".

"Creo que lo mejor sería centrarnos en los nichos que antes hemos comentado: restaurantes de carta, cafeterías en buenas zonas, bares de copas y menú del día que no compitan por precio.

Estoy pensando que habría que seguir el segundo proceso y que fuera yo el captador. La labor de Lucho y Fermín sería conseguirme los nombres de los compradores y horario y forma de localización. El resto lo haríamos desde la oficina.

Les fijaría unos objetivos semanales de contactos. Creo que puede funcionar", dijo Miguel ilusionado.

"Necesitaría locales con las siguientes características", continuó

"Preocupados por su imagen y que intenten ser profesionales (se ve desde el exterior) y nuestra proposición de venta para que nos dedique 15 minutos el comprador será que al ser un fabricante local podemos ofrecer soluciones a problemáticas concretas a precios tremendamente competitivos".

"Ya, ya, calidad precio. Eso dicen todos. Vas a ser uno más. No te van a recibir o si lo hacen será sin ganas. Tienes que buscar un buen motivo, algo que realmente os diferencie. ¿Hay algo que resolváis vosotros que otros no lo hagan?".

"No lo sé. No se me ocurre nada"

"Te cuento yo. Una dificultad no resuelta es la limpieza de las planchas en las que preparan los croissants del desayuno y hacen la carne, pescados o verduras. Tienen que hacerla en caliente porque si lo dejan enfriar no hay quien saque la grasa. Eso les genera varios problemas: el primero que tiene que ser justo tras el cierre, el segundo que produce olores y humos tóxicos y, por supuesto el riesgo de quemaduras.

Hay una solución de limpieza en frío, pero es de una empresa alemana, con un distribuidor exclusivo en España y a precios muy elevados. Se lo comenté a Fernando y sé que está trabajando en ello. Por lo que me dijo el otro día ya tiene algo con resultados aceptables. Mi recomendación es que se centre en ello, lo mejore y, cuando lo tengas, ofrezcas esa visita y le digas que le dejarás una muestra de un limpiador de planchas en frío que vais a sacar al mercado y que estará a mitad de precio que el actual. Te aseguro que te reciben".

En ese momento Miguel se levantó y dio un abrazo a don Julio.

"Bueno, ya tienes trabajo que hacer, pero mientras Fernando pule el producto hay que hacer cosas. De ese listado que me has dado, creo que te tienes que centrar en grandes cuentas, que ahora no estamos. Por mi experiencia, creo que los segmentos a trabajar son distribuidores y empresas de limpieza. ¿Quieres que veamos lo que tienes trabajado?".

Si quieres conseguir citas de calidad y que el comprador te dedique el tiempo que necesitas, dile del modo más concreto posible lo que va a ganar por recibirte

---

Capítulo 24 - Nuevas oportunidades

"Mire el cuadro que tengo hecho para esos dos segmentos. A ver qué le parece".

Dijo Miguel enseñándole el cuadro de distribuidores y teniendo en la mano, uno muy similar de empresas de limpiezas.

TIPO DE DISTRIBUCIÓN		
	Distribución Especializada	**Distribución Generalista**
Descripción	Se tratará de empresas especializadas en unos clientes muy concretos: barcos, HORECO, talleres, limpieza, industria…	Se tratará de empresas con poca especialización y gama muy amplia que acudirán a todos los mercados
Características	Muy profesionales en su campo. Amplia introducción en su mercado, lo que les facilita introducir nuevos productos. Valoran mucho el servicio y no quieren roturas de stocks. Su principal activo son sus clientes, que no serán demasiados. Dedicarán tiempo a cada cliente.	Muchos clientes. Atención al cliente mejorable. Comerciales de escasa formación. Lo importante es tener de todo. Poco apego al proveedor. Intentarán captar clientes por precio.

Beneficios /Propuesta de valor	Gracias a la producción local de productos y el tamaño de la empresa producimos de manera ágil y nos adaptamos a excepciones. Podemos facilitar un servicio rápido y con el precio global más ajustado ofreciendo productos con resultados de gama alta a precios de gama baja. Facilitamos soluciones a problemas sin resolver de clientes específicos. Se puede producir por urgencia, si es necesario satisfacer a un cliente clave Si se requiere, podemos producir marca blanca incluso con tiradas pequeñas.

El proceso de ventas es común a ambos tipos de distribución:

a. Generar listado de empresas.

b. Llamada de teléfono para concertar cita para una visita de ventas.

c. Si no se consigue hablar con el responsable de compras, conseguir mail.

d. Envío de mensaje de correo electrónico anunciando llamada de teléfono en 48 horas.

e. Llamada de teléfono para concertar cita visita de ventas.

f. Visita de ventas.

g. Seguimiento o

h. Desarrollo del cliente.

"Me parece un trabajo extraordinario y con el que puedes empezar a trabajar ya. Veo algún punto que, seguro que necesitará retoques, pero comienza así y ya lo iremos ajustando.

Si te parece, lo que puedes hacer es ir elaborando los listados de empresas de los dos segmentos que quieres trabajar e ir concertando entrevistas. Como dije en la comida de ayer, yo vendré después del puente del 12 de octubre y ajustamos todo esto en función de lo que te vaya surgiendo".

"Don Julio, muchísimas gracias por su ayuda. Creo que vamos a conseguir grandes resultados".

"Primero, deja de llamarme de usted, no me gusta.

Segundo, nada de gracias, te recuerdo que una parte importante del pago que me hará Fernando depende de los resultados de los próximos cinco años, así que estoy muy interesado en que todo salga bien.

Tercero, creo que hacéis un equipo fantástico y que vais a hacer que la empresa que fundé tenga un gran futuro. Gracias a vosotros" concluyó el antiguo propietario con una gran sonrisa.

Se despidieron y Miguel se fue a descansar con el trabajo hecho. Estaban en el buen camino.

Cuando dedicas tiempo a planificar y tienes claros los pasos a seguir, adquieres una gran sensación de control, que te hace sentirte muy cómodo y satisfecho

---

Capítulo 25 - Problemas de cierre

De nuevo llegó el lunes a la oficina Miguel totalmente ilusionado y estimulado. Tuvo la reunión semanal y no comentó nada con el equipo del trabajo realizado con don Julio. Cuando terminó Fernando, que ya conocía lo acontecido el fin de semana, se quedó hablando con él.

"Ya me contó Julio lo que hablasteis. Referente al limpiador de planchas en frío, tengo que decir que él es un tanto optimista. Es cierto que estamos consiguiendo resultados de limpieza muy aceptables, pero estamos todavía muy lejos de conseguir una presentación de espuma y mantenimiento de la misma como la que hay ahora en el mercado, que no solo es la alemana que él te contó, también empieza a haber de otros fabricantes nacionales".

"Bien, ¿hay algo que podamos hacer con eso? ¿Cuándo tendremos resueltos los problemas que informas?".

"No te puedo dar una fecha, no doy con la clave. En teoría tendría que comportarse parecido, pero no lo hace. Estoy con muchas pruebas y, o bien no levanta espuma o, si lo consigo, no tiene capacidad de limpieza. Según le meto el desengrase necesario no genera la espuma. Tengo que conseguir algún principio activo para ello, pero no consigo dar con él. Lo mismo lo logro esta semana que nunca".

"No son buenas noticias, no".

"De todos modos, algo tenemos para enseñar y si decimos que es una primera prueba que mejoraremos creo que también vale para que te reciban. No quedes para esta semana, déjame 15 o 20 días y es posible que hayamos avanzado".

Visto como estaba el asunto, Miguel se centró en buscar distribuidores en las provincias limítrofes que no afectaran a su clientela actual. Entre los nombres que le facilitó don Julio, los que conocían Fermín y Lucho y visitas que hizo por esas zonas preguntando a los clientes finales por quien era su proveedor consiguió una lista de no menos de 15 distribuidores generalistas y otros tantos específicos, la mayoría de hostelería, como ellos.

No le resultó complicado conseguir citas comerciales con ellos. Todos estaban dispuestos a oír. Sabían que ahora estaban fabricando y eran un actor más en el mercado con el que había que contar.

Dedicó la semana a trabajo del día a día, elaborar la base de datos y concertar citas para la siguiente semana.

Rápidamente se dio cuenta de problemas de cierre, de nuevo.

Levantaba interés, y pedían cotización, pero Miguel sabía que aquello no iba a ningún lado. No generaba entusiasmo, ilusión ni deseo de cambio de suministrador. Sencillamente querían contrastar la oferta, trasladarla a su actual proveedor y apretarle con las condiciones. Aquello no iba bien.

No hacían falta datos cuantitativos, ya con la percepción que él tenía era suficiente. Sería un error pasar presupuestos en esas condiciones. Tenía que ganar tiempo antes de hacerlo y rediseñar la estrategia de presentación ante los distribuidores.

Recopiló el material y los apuntes del curso de cierre de ventas que hizo cuando le despidió don Jaime. Aquello no le gustaba, podía conseguir una venta con ello, pero no un cliente. Buscaba relaciones de largo plazo, distribuidores que estaban con él porque las dos partes ganaban y cerrar ventas de ese modo no era el mejor comienzo.

Dedicaba las tardes a investigar por internet y ver vídeos, pero nada le convencía. También se obligaba a pasar 15 minutos diarios, bolígrafo y papel en mano a pensar en una solución. Hacía mapas mentales, dibujaba, creaba listas, pero no avanzaba.

La tarde del viernes le vino la inspiración en el sentido en que Jesús Alcoba relata en su libro del mismo nombre *"Inspiración"*[4], le vino súbitamente y duró unos segundos, fue efímera, pero impactante, un flash muy intenso. Lo vio claro en su mente. En unos instantes dibujó en su cabeza lo que quería, lo que necesitaba, lo que tenía que hacer.

---

4. "Inspiración", Jesús Alcoba - Alianza Editorial, 2017

Aquello le movió a la acción. Se puso a pasar a papel lo que tenía en la cabeza.

Entró en un momento que Mihaly Csikszentmihalyi denomina en su obra *"Fluir"*[5] estado de experiencia óptima, en donde no hay interrupción, tiempo o sentimiento diferente a entregarte a lo que estás haciendo en ese instante. Estuvo en ese estado de flujo toda la noche. Sabía la hora que era, pero no podía dejarlo. Había algo que le eliminaba el cansancio, le daba energía e inspiración para continuar su trabajo.

Según Alcoba en la obra antes citada *"las grandes ideas vienen del inconsciente"* (página 157), pero primero tenemos que haberlo alimentado con ansias, ilusiones, ideas y pensamientos que realmente conecten con nuestro yo, con lo que realmente somos. Miguel lo había hecho. Llevaba días dando órdenes a su cerebro inconsciente (reticular y límbico como explicábamos en el capítulo 18) de que necesitaba una solución a este problema y ahora este se lo devolvía de manera consciente, que él tenía que dar forma.

Si dejas pasar esos momentos de inspiración es posible que nunca vuelvan. Tu cerebro subconsciente ya ha hecho su trabajo y lo ha borrado de su lista de pendientes. Si tu cerebro consciente no lo ha procesado tienes que comenzar de nuevo el ciclo creativo.

Eran casi las 10 de la mañana del sábado, se había pasado toda la noche trabajando, pero ahora tenía en un papel a mano y pasado al ordenador lo que había estado buscando. No podía más. Momento de ir a casa y, seguramente dormir muchas horas.

---

5. "Fluir", Mihaly Csikszentmihalyi - Editorial Debolsillo, 2011

Si a un momento de inspiración le sigue uno de flujo, podemos conseguir resultados increíbles. Eso sí, necesitamos tener ambos puntos muy entrenados para que se den simultáneamente. Para ello necesitamos reservar y utilizar momentos de reflexión y de otros de trabajo duro. De ese modo llegará la situación en que ambos coincidan

---

Capítulo 26 - Proceso de cierre

Eran ya más de las seis de la mañana del domingo cuando se levantó. Había pasado durmiendo casi 16 horas seguidas. Las dos últimas había, más bien, dormitado, por no levantarse tan temprano. Estaba realmente hambriento, pero no podía esperar para ver en papel el trabajo que había realizado el día anterior.

Había dividido el proceso de captación de distribuidores en tres partes claramente diferenciadas. Seguramente podría hacer en dos o, incluso una sola visita, pero prefería hacerlo de este modo.

La primera visita era una toma de contacto. Conocerse y ver si podía haber un sentimiento mutuo de colaboración. Buscaba alianzas más que clientes. Quería empresas de distribución que apostaran por lo que ellos podían ofrecer, crecer con ellos y buscar clientes que valoraran un producto de calidad. No quería distribuidores que "tiraran" el precio, sino aquellos que lucharan por él, que defendieran los márgenes, que ofrecieran calidad de servicio.

Si en esa primera visita detectaba eso que buscaba, acordarían un segundo encuentro, ya con más calma, con tiempo, en donde Miguel preguntaría exhaustivamente sobre la forma de trabajar y qué podían ellos aportar. Recogería información de calidad para, en una tercera reunión llevar una propuesta personalizada.

Lo tenía muy detallado, el resumen era un proceso de 14 pasos:

Día 1.

1. Primera toma de contacto para ver si puede haber interés mutuo. Si lo hay se acuerda una cita para otro día en donde se dispongan de al menos dos horas

Día 2.

2. Posicionamiento y presentación. Miguel hará una presentación formal de la empresa y sus productos más emblemáticos.
3. Recogida de información. Preguntas abiertas.
4. Calibrar la posible mejora y beneficios. Preguntas reflexivas.
5. Enfoque y posible aportación el cliente. Preguntas directivas.
6. Medición de la posible propuesta. Preguntas de tanteo.

Día 3.

7 Confirmación de lo entendido el día anterior.

8 Presentar la solución.

9 Confirmar la adecuación e interés de la misma.

10 Presentación de la oferta económica.

11 Pedir que compren o que prueben el producto.

12 Resolución de objeciones.

13 Pedir que compre o que pruebe el producto.

14 Cierre o concertación de seguimiento posterior.

El primer día consistía precisamente en eso, mantener una conversación informal y ver si hay posibles puntos de coincidencia y verdadero interés en escuchar una oferta, no de todo el catálogo de productos, pero sí de alguno. Si lo había se agendaría una reunión larga, de al menos dos horas.

El motivo de esa reunión tan larga era doble: por un lado, recoger toda la información posible, por otro, cualificar bien al posible interesado. Nadie te dedica ese tiempo si no tiene verdadero interés en lo que le vas a contar.

El segundo día comenzaba con posicionamiento, que es algo que muchas veces se nos olvida y es esencial en la venta.

En general, a las personas no nos gusta nada la incertidumbre, la evitamos. Sin embargo, es muy habitual en el proceso de ventas que tú, vendedor, sepas perfectamente donde estás en el mismo, pero el comprador lo desconozca. Miguel buscaba precisamente ayudar a ese interesado a que supiera dónde está. En ese primer momento le explicaba lo que iba a hacer. Le decía que hoy solo iba a recoger información para poder preparar una oferta a medida. Detallaba que haría unas preguntas abiertas de situación, que luego pasaría a pregunta reflexivas, de enfoque y de medición de la aportación. Si le preguntaban el por qué o el para qué, lo diría. Quería un proceso abierto donde el comprador entendiera dónde estaba en cada momento.

El objetivo de este posicionamiento era que bajara la barrera que siempre nos levanta un posible comprador. Le hacía ver que ese día estaba "seguro", que no iba a venderle nada, aunque le anticipaba que en el siguiente encuentro le llevaría una propuesta.

Miguel sabía que según llegara tenía que crear sintonía con su interlocutor y hacer una primera fase de acercamiento. Para una vez que se sentaran y entraran en materia tenía escrito su discurso para ese momento:

"Hola, [nombre], muchas gracias por tu tiempo. En primer lugar, permíteme que te sitúe con la forma en que trabajamos, ¿te parece bien?"

La respuesta habitual es sí (no nos olvidemos que nos ha concedido dos horas), aunque pueden surgir las primeras objeciones. Si así fuera trabajamos sobre ellas hasta tener el esperado sí. Entonces seguimos.

"Mira, hoy me voy a limitar a recoger información sobre qué es lo que te importa y en qué y cómo podemos aportarte valor. Con ello fijamos día y hora para que te presente la oferta concreta que podemos hacerte. Aparte de ti, ¿hay alguien más que tenga capacidad de decisión y que debiera estar presente en ese momento?".

Miguel era consciente de la importancia de esta pregunta.

Con ella estaba trabajando una de las objeciones / excusas más habituales: *"tengo que consultarlo / escalarlo / consensuarlo"*. Aquí el prospecto se tiene que posicionar respecto de si tiene capacidad de compra o no y estamos preguntando de manera indirecta por el proceso de decisión. Si nos dice que él la tomará es improbable que el día de presentación de oferta salga esa objeción de escape.

Es posible que nos diga que sí, que tiene que estar alguien más o que esa decisión se toma en un comité o que lo va a escalar y que será su jefe. Es el momento de intentar fijar que esté todo el mundo que participa en la decisión. No siempre es posible conseguirlo, pero al menos sabremos cuál es la forma de tomar decisiones al respecto en esa empresa y no nos llevaremos sorpresas en el cierre (o sí, que de todo nos ha sucedido, pero estamos minimizando el riesgo de que eso ocurra).

Otra objeción de este momento es indicarte que no, que prefiere que le mandes la oferta por escrito y ya te llama él después. Miguel tenía claro que no lo iba a aceptar. Quien no le dedicara un tiempo a que le explicaran bien la propuesta no tenía voluntad firme de compra. Era otro momento de calificación del prospecto. Si había alguna objeción a este punto que impidiera continuar con la posibilidad de hacer negocios, mejor que saliera aquí y no después de dos horas.

Una vez tenía claro el proceso de toma de decisiones, avanzaba.

"Como te decía, voy a recoger información. Empezaré por preguntas generales para después hacerte reflexionar sobre algunos puntos en los que crea que podemos aportar algo diferencial, intentaremos cuantificarlos, haremos unas aclaraciones finales y ya fijaremos la fecha de la presentación de la oferta. ¿Listo para que te "ase" a preguntas?".

Un correcto posicionamiento en cada momento nos reduce la aparición de objeciones en el momento del cierre

---

Capítulo 27 - Cómo preguntar para cerrar mejor

Tal y como había dicho, comenzaba con preguntas abiertas

Las preguntas abiertas no pueden responderse con un "sí" o un "no".

Se utilizan para obtener información.

Se apoyan en el qué y quién, en el cómo, el dónde y el para qué (evitar siempre el porqué, que es inquisitorio y, en el fondo, pone en duda lo que afirma la otra persona).

Algunas de estas preguntas pueden ser formuladas en positivo:

- *"Cuénteme, por favor, qué es lo hace".*
- *"Me interesa mucho la historia de su empresa, le escucho".*

Aunque lo normal es hacerlo en forma de pregunta

- *"¿Qué le parece"?*
- *"¿Cómo podríamos hacerlo"?*
- *"¿Dónde cree que se podría mejorar?".*
- *"¿Cómo lo vienen haciendo hasta ahora?".*
- *"¿De qué forma sería posible realizarlo?".*

Son muy útiles en los primeros momentos de la entrevista, en la generación de sintonía y en la indagación. Vete preguntando SIEMPRE en función de lo que responda el cliente.

No tengas miedo de utilizarlas, te van a proporcionar mucha información y si las haces adecuadamente (solo es cuestión de entrenamiento, acompañamiento y práctica) el cliente responderá sin problema –si tiene alguna intención de compra, claro-.

Una vez tuviese ya suficiente información, pasaría a la fase de preguntas reflexivas.

Las preguntas reflexivas dan al cliente potencial la oportunidad de volver a pensar, de reconsiderar o de volver a manifestar los pensamientos e ideas que le han llevado a dar la respuesta anterior. Ayudan a aclarar y definir áreas de preocupación de las que tu cliente potencial puede no ser consciente o que no ha sido capaz de expresar.

Cuando utilices dichas preguntas mantén un tono de interés en tu voz y evita cualquier entonación que pudiera delatar un juicio.

Buscan que manifieste en qué le puedes ayudar.

Siguen siendo preguntas abiertas, aunque en esta ocasión buscamos más la reflexión y la profundidad de pensamiento que la información.

Algunas de estas preguntas son:

- *"¿Qué sucedería si lo consiguiésemos?".*
- *"¿Qué le supondría a usted resolver eso?".*
- *"Ya probaron en el pasado este producto y no les convenció, ¿por algo en concreto?".*
- *"¿Qué sacaron en claro de aquella experiencia?".*
- *"¿Qué quiere decir exactamente con...?"*

No consumas excesivo tiempo en preguntas reflexivas, aunque sí es conveniente que hagas una, dos o hasta tres (y ya estas son muchas) de ellas. Te van a ayudar a posicionarte y le obligarán a tomar postura, después no querrá desdecirse e intentará mantener la posición que adquirió en este momento.

Cuando hagas la pregunta, recuerda que es reflexiva y que es posible que requiera su tiempo para responder, permítele pensar y responder, no hagas otra inmediatamente ni rompas tú el silencio.

El objetivo último es que verbalice algo en lo que tú realmente le puedes ayudar. Recuerda que lo que tú digas de tu producto o beneficio siempre lo pondrá en duda, lo que diga él, no. Tienes que conseguir en función de la reflexión que exteriorice algún punto de mejora y que sea en lo que tú eres bueno.

El siguiente paso es hacerle ver al cliente de manera lo más concreta posible qué le supondrá esa mejora que le podemos proporcionar. De nuevo tenemos que conseguir que lo diga él. Lo haremos con preguntas directivas.

Las preguntas directivas dirigen la atención del cliente hacia el camino que tú consideras oportuno (también son denominadas preguntas de enfoque).

Implican ya un juicio de valor y un posicionamiento claro.

La pregunta expone una idea dada o un punto determinado que tú quieres reforzar. Las palabras "podría" y "debería" son de gran ayuda al hacer una pregunta directiva, así como todas aquellas formuladas en condicional.

Algunas de ellas son:

- *"Sr. García, me dice que tiene claro que un CRM ayudaría a su departamento comercial, ¿cuánto cree usted que podría incrementar las ventas implantando uno?".*
- *"Roberto, me dice que el nuevo CRM debería contemplar diferentes procesos de ventas ¿Qué le supondría concretamente que fuera así?".*
- *"Juan, indicas que cambiar las bombillas tradicionales supondría un ahorro importante en la factura de electricidad, ¿has calculado aproximadamente cuánto sería?".*
- *"Luis, instalar un dosificador automático para el lavavajillas implicaría un consumo más ajustado y una sola recarga mensual, lo que supone un ahorro de tiempo para la persona que lo realiza, ¿cuánto tiempo crees que ahorrarías con ello?".*

No le des tú la respuesta, deje que lo calcule él. Eso sí, si el cálculo es erróneo dale tú la cifra correcta.

Las preguntas directivas exponen una idea, clarifican un pensamiento o ayudan al cliente a comprender una ventaja. Tienen que ir dirigidas hacia las ventajas o beneficios de nuestros productos.

Se deben de hacer en el momento previo a la presentación de nuestra oferta, producto o petición a la acción.

Miguel prefería hacer alguna pregunta de tanteo después. Entendía que ahí podía sacar alguna objeción, de manera que pudiera resolverlo en la oferta y que no saliera en el cierre de la venta.

Para ello lo mejor son las preguntas de opción múltiple.

Las preguntas de opción múltiple son una forma de pregunta directiva.

Sirven para calibrar el posicionamiento del cliente hacia la propuesta de la que hablamos sin pedir abiertamente la compra.

Lo mejor es suavizarlas al máximo y que no parezca que una vez que la responda ya ha aceptado la compra.

Si responde a la pregunta formulada, no hagas más preguntas de este tipo. Si necesitaras hacerlas porque es esencial para el pedido o el producto, hazlas una vez concretada la venta. Si son imprescindibles para saber el tipo de producto que le vas a ofrecer tendrías que haberla realizado en la fase de indagación. Modifícalo la próxima vez.

Las preguntas de opción múltiple -realizadas ya una vez presentada nuestra propuesta- solo deben de tener el objetivo de calibrar la disposición a comprar antes de pedirle que compre y recibamos una negativa.

Uno de sus objetivos es aflorar objeciones previas a solicitar la compra

Algunas preguntas de este estilo son:

- *"Si al final te decides, ¿Cuándo te gustaría que te lo entregasen el martes o miércoles?".*
- *"¿En qué color lo preferirías?".*
- *"¿Valoras llevarte uno o varios?".*
- *"Si lo compras, ¿Añadirías alguna opción / complemento?".*

Una vez llegado ahí ya estás en el momento del cierre, de pedir que te compre. En este caso la compra para Miguel era cerrar día y hora para presentar la oferta.

Eso lo hacemos con preguntas cerradas

Las preguntas cerradas requieren un "sí", un "no", un "blanco", un "negro", un "ahora", un "mañana"... o un simple dato por respuesta.

Se pueden utilizar en la indagación para tener claro las preferencias o las necesidades. De hecho, si las necesitamos para poder concretar o para aclarar algunos conceptos es en ese momento cuando debemos realizarlo.

El otro momento de utilizarlas es cuando pedimos que nos compren

Si tú necesitas saber si el cliente está decidido a comprar o no, entonces deberás utilizar una pregunta cerrada. Si por casualidad el cliente potencial dice "no", tendremos que pedir que nos aclare su respuesta y volver a realizar preguntas reflexivas o directivas para pasar después a otra cerrada.

Los vendedores con poca experiencia se ponen ellos solos entre la espada y la pared con este tipo de preguntas. Las utilizan con demasiada precipitación para intentar el cierre de la venta sin haber realizado previamente la pregunta de opción múltiple. Aclarar que una vez hemos obtenido una objeción a una pregunta de cierre no es necesario pasar por la de tanteo. La primera vez sí que es recomendable.

Las preguntas cerradas pueden resultar peligrosas, pero son esenciales para vender. Debes realizar al menos una en toda entrevista de ventas.

Cuando hagas una pregunta cerrada, CÁLLATE y espera que la otra persona responda. Si no lo hace y ya no puedes más, la primera vez, te aguantas y sigues esperando y si ya es imposible hacerlo, pregunta: "*¿no dices nada?*" o "*¿qué me contestas?*" o similar.

Si la respuesta no es un sí, hay que hacer alguna pregunta indagatoria de profundidad, lo más adecuado es una pregunta reflexiva. También puede ser directiva si no hubiera quedado clara la cuantificación del beneficio.

Si has seguido este proceso tienes dos alternativas a esta pregunta: cierre de la venta u objeción.

Comienza siempre la fase de indagación con preguntas abiertas, luego le haces reflexionar, valorar el posible beneficio y, por fin, tantear el interés y finalizar con una pregunta cerrada de movimiento a la acción

---

Capítulo 28 - Las objeciones

Las objeciones son inherentes a la venta. No digo que no pueda haberla sin que surjan, aunque, desde mi punto de vista, si así sucede, lo que ha habido es una compra por parte de alguien y no tanto una venta por la nuestra. Que no está mal, que bienvenidas sean, aunque si siempre es así llegará un momento en que alguien se plantee para qué necesita un vendedor. Mal asunto para nosotros, los vendedores.

Seguramente hay tantas clasificaciones de objeciones como de autores de libros de ventas (todos los vendedores llevamos dentro un presidente del gobierno, un entrenador de futbol y un clasificador de objeciones).

Aquí voy a tratar de dos ellas. La primera será general, la que se da en todas las ventas. La segunda clasificación irá de acuerdo con el proceso de ventas que Miguel había definido.

Todas las objeciones que podamos encontrar se pueden dividir en cinco grandes grupos[6]:

a) Capacidad de decisión.
b) Precio.
c) Producto, servicio o solución.
d) Momento o necesidad.
e) Empresa del vendedor.

Antes de detallarlas algo más vamos a ofrecer la forma de encararlas.

Alejandro Hernández en "Vender es fácil, si sabes cómo"[7] nos dice que *"la mejor manera de gestionar las objeciones es prevenirlas"*, aunque *"la*

6. Tomado del gran Zig Ziglar, que dice: «Cualquier venta ha de superar cinco obstáculos básicos: la falta de necesidad, la falta de dinero, la falta de prisa, la falta de deseo y la falta de confianza»

mayoría de vendedores tienden a rebatirlas, contestarlas o enfrentarse a ellas". Él propone no prestarles a atención excepto si vienen en forma de pregunta, que entonces sí hay que contestarla.

Nos indica que, muchas veces no tienen excesivo fundamento, aparte de expresar algún temor infundado por parte del cliente y que, si no vienen en forma interrogativa, lo mejor que podemos hacer es no responder.

Alejandro nos indica que responderlas significa entrar en la parte negativa y que debemos mantener la conversación en la positiva. Para realizarlo de ese modo, escucharemos la objeción y podemos decir algo así, *"sí, sí, ahora entramos en eso, pero primer permíteme aclarar algo relativo a ..."* y hacemos una pregunta sobre un aspecto positivo y que le añade valor. Si luego vuelve al tema no nos quedará más remedio que afrontarla, pero lo normal es que eso quede en el olvido porque ya tiene el foco en otro lugar.

Me encanta lo que propone este autor, aunque reconozco que no es sencillo, tienes que estar muy atento y ser de muy rápida respuesta ("repentizar" muy bien, decía mi padre). Eso sí, si coges la habilidad de hacerlo (ya sabes, práctica, práctica y volver a practicar) lo dominarás.

Así, si tienes que afrontar la objeción, te indico unos pasos hacerlo:

1. Escucha atentamente sin interrumpir. Deja hablar al prospecto, escucha atentamente. ¡No se te ocurra interrumpir! Espera a que acabe y cuando creas que ha acabado

2. Utiliza lenguaje no verbal para que continúe. Puedes hacer gestos con la cabeza, la cara, los ojos o incluso las manos para decirle que siga hablando. Verás cómo da una explicación mayor y empiezas a llegar al fondo.

---

7. "*Vender es fácil si sabes cómo*" - Alejandro Hernández - Alienta Editorial, 2013

3. Cuando ya definitivamente ha acabado, no contestes todavía. Cállate, deja pasar unos segundos (entre cinco y diez), es probable que siga hablando. Si no lo hace

4. Verbalizas lo que ha dicho, bien de forma textual -si es muy corto- bien resumido si ha sido extenso (cuantas más palabras que haya dicho él que utilices, mejor). *"Si te estoy entendiendo quieres decir ..., ¿correcto?"*. Es muy importante que valide lo que has entendido. Verás como muchas veces hay más aclaraciones.

5. Aceptas la objeción de forma tácita (sin decir nada en contra de ella). Nunca rebatas, minimices, ningunees o rechaces una objeción de forma abierta. Es posible que ganes la discusión, pero seguramente, pierdas el cliente.

6. Indagas en la misma. Lo mejor suele ser validarla. *"Eso que me planteas es muy frecuente. Todos nuestros clientes actuales tuvieron esa duda al principio, pero permíteme que profundice un poco ..."* o *"Si yo estuviera en tu lugar pensaría del mismo modo, déjame que aclare un aspecto ..."* y preguntas sobre el origen de la duda: capacidad de decisión, precio, producto, momento o reputación.

7. Una vez has llegado al fondo de la pregunta, habla de la parte positiva y ofrece algún beneficio al respecto.

8. Pregunta si eso responde a lo que ha preguntado o si queda algo que no está claro. Avanza hasta que diga que sí que le queda claro.

9. Pídele que dé el siguiente paso (reunión, compra...).

Una vez que tenemos claro cómo afrontarlas, veamos en detalle las notas que tenía Miguel para su caso concreto.

Capacidad de decisión

Esta objeción solo nos debiera surgir al inicio. A veces es imposible reunirse con quien decide o lo hace un comité. Tenemos que saberlo al comienzo del proceso para actuar a consecuencia.

Siempre que sea posible hay que reunir a todas las personas que deciden (lo sé, sé que no siempre es posible, pero debemos intentarlo, de otro modo nuestras posibilidades de venta se reducen de manera considerable. Además, si es difícil para ti, también para la competencia y si tú consigues llegar y ellos no, lo tienes casi hecho).

Miguel tenía claro que en el posicionamiento debía saber cuál era el proceso de compra de esa empresa. Tenía que aclararlo, no quería, bajo ningún concepto, llegar con la oferta y una vez presentada y negociada obtener un *"esto tengo que hablarlo con mi socio / jefe / compras ..."*.

Ya le había pasado muchas veces en el pasado y ahora quería evitarlo. Para ello hay que aclarar desde el principio cómo se toman las decisiones de compra de tus productos en esa empresa. Habitualmente no suele ser complicado enterarse en los primeros compases si preguntas por ello. A las personas les gusta ser consistentes y no contradecirse. Si les preguntas abiertamente sobre si tienen capacidad de decisión de estos productos te lo dirán. Será muy raro que te digan que sí y luego se desdigan. Lo que sí que es posible es que te digan que no la tienen cuando realmente sí que la poseen. Aclara desde el comienzo si esas otras personas estarán en la reunión de presentación de la oferta.

Precio

Esta es muy habitual. De hecho, es de la que muchos comerciales se quejan. Miguel lo tenía claro, no eran los más baratos, pero ofrecían la entrada a clientes que no solo valoraban un precio menor.

Si alguien te dice que vas caro puede ser por varios motivos. Uno de ellos es mera táctica. Hay quien lo dice incluso cuando ofrezcas algo un 20 % más barato que el resto (créeme que es cierto. He tenido varios jefes de esos. Se reunieran con quien se reunieran, e independientemente de que lo fueran, siempre decían que lo ofrecido era muy caro. Aunque no te lo creas, había muchos vendedores que lo aceptaban y todo su esfuerzo era ver cómo podían bajar la oferta, no añadir valor).

Nunca, nunca, nunca, bajes un precio a la primera ni lo hagas sin algo a cambio (bueno, si estás vendiendo en un mercado persa o en un mercadillo te lo permito).

Otra posibilidad es que no valore lo que ofreces, que para él ese beneficio no sea trascendente (de manera real o porque no lo ha entendido).

También sucede que no sepa ver lo que realmente aportas, que tenga delante de sus narices una oportunidad y no se haya percatado.

Como siempre, hay que indagar e ir al fondo. Miguel tenía la siguiente respuesta preparada (¿tú también tienes una, ¿verdad?, no improvisas ante esta objeción, ¿no?)

"Es cierto que no somos el de menor precio, no te lo voy a negar, pero permíteme una pregunta, ¿con quién o qué me estás comparando?". Esto ya servía para preguntar por la competencia de manera indirecta y como continuación de algo que el cliente había dicho y hacer ver la aportación de valor que tenías sobre ellos (y de paso, saber si es cierto que eras más caro o es mera táctica).

También te pueden decir que *"tienen un presupuesto menor"*. Puedes preguntar directamente sobre cuánto es el mismo (aunque te parezca mentira estuve cerca de una hora rebatiendo objeciones a un cliente y, al final, todo el tema era que yo le ofrecía un servicio por 5.100 € y él tenía poder de firma de hasta 5.000 €. Ni que decir tiene que rápidamente llegamos a un acuerdo tras conocerlo) o *"¿eso es todo? ¿Si entramos en tu presupuesto lo comprarías?"* Para, continuación, preguntar por el mismo y ver las posibilidades de ajuste.

Producto, servicio o solución

Esta es una objeción que tiene que salir, lo que sucede que no puede ser al final. Hay que hacerla aparecer antes de presentar la oferta económica. Si tenemos que afrontarla una vez hecha la misma, ya es tarde.

En el capítulo siguiente veremos cómo podemos conseguir que se manifieste antes de hablar de precios.

Las objeciones al producto suelen ser de los siguientes tipos:

"No nos encaja". La pregunta siempre es: *"¿puedes ser algo más concreto, por favor?"* O similar. Tienes que llegar Al fondo de la objeción y saber qué es lo que no es idóneo y, sobre todo, qué es lo que sí que lo es.

"No es lo que buscamos". A esto hay que responder, *"¿En qué difiere de lo que buscáis?"* Para, de nuevo llegar al fondo de la cuestión.

"No nos convence del todo". A bucear, de nuevo. *"¿Del todo?"* Y te callas. Si no consigues mayor información puedes decir... *"Vayamos ahora por lo que sí os convence"* y averigua lo que le ha gustado. Te va a ayudar mucho a proponer una alternativa y a resolver la futura objeción del precio (que saldrá seguro).

Momento o necesidad

Esta suele ser una de las que luego denominaremos como pretextos o de aplazamiento.

Tenemos dos formas de trabajarlas, la primera es haber conseguido que en la fase de indagación el cliente hubiera dicho que si había una buena oferta tomaría acción inmediatamente (¿te acuerdas que no le gusta ser inconsistente? Y que conste que no lo digo yo, sino el gran Roberto Cialdini[8] que considera la coherencia en lo que decimos el primero de sus seis principios fundamentales).

Si tu producto o servicio es de los que no hay ninguna urgencia en consumir y puede hacerse hoy o más adelante es esencial conseguir que el cliente diga en algún momento que tomará acción si la oferta es buena.

8. Roberto Cialdini, psicólogo y escritor estadounidense y autor, entre otros de "Influencia: psicología de la persuasión", obra de referencia en el mundo de las ventas

Eso le sucedía a Miguel. El distribuidor podía cambiar de proveedor hoy o dentro de seis meses o nunca, sobre todo si la diferencia no era excesiva, ya que si la hubiera pasamos a la segunda forma de trabajar esta objeción: cuantificar el ahorro, beneficio adicional o mejora en la calidad de vida del cliente al comprar tu producto.

Para esto último recuerda: acéptalo. *"Lo entiendo, ahora es muy mal momento, ¿cuándo será bueno?"* Y valora si lo que dice es cierto o no (a veces lo es, no podemos negarlo). De todos modos, hazle sentir lo que supondrá aplazarlo. Déjale claro lo que pierde por hacerlo. Si lo haces bien te sorprenderá como igual no es tan mal momento. Busca los beneficios del cambio y házselos ver de la forma más concreta que sepas.

Una de las objeciones más extendidas y que podríamos clasificar dentro de este apartado es la tan oída:

"Es que ya tengo proveedor"

En las formaciones que imparto es una de las que más cuesta afrontar. No tengo muy claro el porqué. A mí personalmente me encanta oírla, ayuda muchísimo a posicionarte. Voy a contar cómo la afronto yo:

"Sí, claro que sí, mi producto es algo que ya estás consumiendo ya que es esencial para tu negocio. Todos mis clientes tenían proveedor anteriormente. La pregunta es ¿si te ofrezco algo que es claramente más beneficioso que lo de tu proveedor actual estás dispuesto a probarlo?"

Las respuestas pueden ir desde el "sí" hasta el "no" pasando por "depende" y similares.

Si es "sí" ya tienes un compromiso al que agarrarte si lo que ofreces es claramente mejor.

Si la respuesta es otra te va a permitir indagar en qué es lo que más valora. Si te dice que no (no me ha sucedido nunca, pero sí he oído a personas que me dicen que a ellos sí les ha pasado) tienes que averiguar qué le ata a su proveedor y volver cuando la situación cambia. Si te dice "depende" o similares, profundiza en ello y consigue conocer en qué condiciones ese depende sería un sí. Recuerda, siempre con pregunta informativa.

Empresa del vendedor

Aunque parezca increíble, esto sucede. Puede ser una mala experiencia anterior (yo, por ejemplo, hay compañías telefónicas a las que ni escucho una oferta. No me iría con ellos ni aunque fueran a mitad de precio), una mala imagen en su cabeza o cualquier otro aspecto. Llega al fondo, averígualo, será la única forma de combatirlo.

Hay veces que esta objeción no se manifiesta, no le gusta decir eso de *"no me fío de tu empresa"* o *"es que yo prefiero una primera marca"* o similar.

Muchas veces esta objeción se hace manifiesta preguntando abiertamente por ella.

Cualquier venta ha de superar cinco obstáculos básicos: la falta de necesidad, la falta de dinero, la falta de urgencia, la falta de deseo y la falta de confianza (Zig Ziglar)

Capítulo 29 - Proceso de presentación de oferta

Volvamos al trabajo de Miguel y su inspiración que le sirvió para crear el proceso adecuado. Hemos visto cómo afrontaba el día uno, en donde solamente buscaba la cualificación del cliente y el día dos, en donde intentaba conseguir la máxima información posible para presentar la oferta más adecuada, así como anticipar y resolver muchas objeciones, que de otro modo saldrían en el momento del cierre.

El tercer día Miguel iba con la oferta escrita.

Si el distribuidor era una empresa actualizada y moderna -no solía ser lo más habitual- hacía la presentación con un ordenador en la sala donde hubiera un proyector o una televisión, incluso una misma pantalla plana de ordenador le valía si tenían una disponible. Si, por el contrario, era una empresa más personalista y pequeña -lo más habitual-, llevaba un documento en papel para la oferta técnica y otro para la económica (como en las licitaciones).

De este modo, no presentaba la parte dineraria hasta tener acuerdo en la técnica y, si no le quedaba más remedio que rehacerlo y el cliente se quedaba con su copia, al menos no dejaba los precios.

El proceso que había documentado en papel en su noche de inspiración <u>comenzaba con un nuevo posicionamiento y confirmación de lo entendido</u>:

"Hola, hoy voy a presentarte una oferta personalizada sobre lo que entiendo que mejor te va a encajar y, si lo hace, te voy a pedir ser uno de tus proveedores.

Por lo que te entendí el otro día para ti es importante [decir dos o tres aspectos clave]. Resolver o mejorar eso hará que tu empresa [detallar beneficios], ¿lo entendí bien? ¿Estamos de acuerdo?".

Esta parte es muy importante y muchas veces la obviamos. Aquí podrían salir objeciones y es mejor resolverlas ahora que al final (por ejemplo, una es que no piensa cambiar de proveedor o que tiene que estar su socio o que tiene compromiso / contrato / permanencia hasta tal fecha o similares).

Te aseguro que no es baladí hacerlo así. Miguel lo sabía y por eso lo puso. Su experiencia le decía que esta es una de las claves de la venta.

Entonces avanzaba hacia la presentación de la solución. Aquí lo hacía en la parte técnica. Relacionaba características con ventajas y beneficios de los productos o sistemas que proponía. En el capítulo 24 veíamos que había creado una tabla con los beneficios por segmentos de mercados, ahora lo hacía en función del producto concreto que ofrecía. En todos ellos proponía un beneficio claro y la característica por lo que lo obtenía.

Un ejemplo de esto era cuando presentaba al distribuidor su producto estrella: un sistema para locales de hostelería preocupados por su imagen

"Para el proceso de lavado y secado de vajilla de calidad recomendamos el uso con dosificador automático del detergente "Limpiamás" y el abrillantador "Todoseco".

Ambos productos utilizados conjuntamente aportan una limpieza, secado y brillo óptimo de productos de loza, respetando sus colores originales, permitiendo el lavado a temperaturas de 30º, lo que significa un ahorro de energía de un 14 % (según investigación del instituto de energía nacional en su publicación de enero de 2017) y un menor coste de 0,50 € por lavado.

En términos anuales por este concepto, teniendo en cuenta el uso de cinco lavavajillas completos por jornada de trabajo, supone ahorro anual de unos 800€. A esto hay que añadir un mayor periodo de utilización de la vajilla por su menor desgaste al lavar en agua templada. Nuestras estimaciones son de una mayor duración de al menos un 15 %.

La dosificación automática y el uso de un sistema de aviso que incluye nuestra propuesta, permite hacer solamente una recarga de detergente y de abrillantador cada 150 usos (en términos de uso normales será una vez al mes), frente a la recarga cada dos o tres días actual. Ello, además del ahorro de tiempo de trabajo e incomodidad, nos permitirá medir la dosificación y limpieza y llevar un exhaustivo control del coste por estos conceptos, hecho que ahora no es posible de forma sencilla".

Lo hacía así con cada propuesta y preguntaba por la adecuación de la misma (paso 9 de su proceso de ventas). Era bastante habitual que la otra parte dijera "*depende del precio*". En este caso la respuesta a esta objeción que Miguel tenía preparada era: "*Ahora lo veremos. No conozco tu precio actual -aunque lo cierto es que sí que tenía una idea muy aproximada-, pero ¿si te supone un ahorro haremos negocios?*" (fíjate en la fuerza de esta pregunta de cierre previo. Será difícil que te diga que no y ha adquirido un compromiso para más adelante. Es un posicionamiento muy fuerte para los casos en que no hay urgencia. Además, podemos anticipar algunas objeciones. Recuerda, mucho mejor que salgan ahora que no al final)

En más de la mitad de los casos obtenía un sí. Ya solo era cuestión de demostrar el ahorro, que no estaba en el precio de compra (que era claramente superior por unidad), sino en la utilización en el tiempo. El precio de adquisición era más elevado, pero el coste por uso, mucho menor.

También podían surgir preguntas (objeciones al producto o solución) que aclaraba y resolvía o simplemente aceptaba que así era.

Tras estar todo esto claro con todos los productos que ofrecía, presentaba la oferta económica y simplemente decía: "*Entonces, ¿hacemos negocios?*" (Punto 11 de su proceso) y callaba. Momento de cerrar el trato o resolver objeciones, fundamentalmente de precio (entre ellas incluía, con muy buen criterio, por cierto, todo lo relativo a condiciones de pago, rappels o descuentos por volumen, tipos y periodicidad de ofertas del fabricante para cliente final, etc.). Casi todas las demás posibles objeciones habían sido resueltas anteriormente.

Aun así, también obtenía otro tipo de objeciones, que él clasificaba en función de la condición:

1) **Pretextos**: son sencillos de desmontar. Unas veces son por desinterés y no saber decir no por parte de comprador y otras son la fase previa a que salgan las objeciones verdaderas, a las que hay que llegar. Se evitan con un correcto proceso de ventas. Si has ido preguntando y tratando todo anteriormente no saldrá aquello de que decide otra persona o un comité. Para esto Miguel consideraba imprescindible el posicionamiento (de qué se iba a tratar ese día) en cada reunión con el cliente.

2) **Aplazamiento, huida o evasión**: el cliente no está seguro de la decisión y quiere aplazarla. Si no la resolvemos en este momento nunca haremos la venta. Suelen ser esas de *"ahora no es el momento"*. De nuevo se tenía que haber resuelto anteriormente, en la fase de obtención de información. Cuando le ocurría, Miguel manejaba la objeción como hemos visto en el capítulo anterior, profundizando en la misma.

3) **Defensivas**. Tratan sobre los puntos débiles de nuestro producto o servicio respecto a otras alternativas. Estas suelen darse en la fase de presentación del producto o tras la presentación económica y petición de compra. La mejor defensa es hablar sobre lo que va a ganar con nuestro producto (beneficios). No hay que centrarse en hacer una defensa cerrada de algo en lo seguramente el cliente tiene razón. Si es así, acéptalo y deriva la conversación hacia lo que eres bueno. *"Sí, es así como dices, nuestro envase es algo más complicado de levantar, pero en contrapartida vas a hacerlo una sola vez al mes en vez de cuatro o cinco. Creo que eso marca una diferencia a favor de nuestra propuesta, ¿no te lo parece?"*

4) **Informativas**: el prospecto necesita mayor información del producto. Debemos atenderlas y resolverlas para poder llegar a las siguientes. Suelen ser las que se dan en la fase de presentación técnica. Pregunta siempre por el origen de la pregunta, para qué le interesa eso.

5) **de Confirmación**: son aquellas que tratan sobre los puntos fuertes de nuestra propuesta y que el cliente quiere confirmar para estar seguro de que acierta. Se suelen dar una vez que hemos presentado el precio. Respuesta clara, corta, concreta y concisa, sin dudar. Y de ahí, petición de compra. Este tipo de objeciones no suelen ser más que

peticiones ocultas del cliente para que le animes a tomar su decisión de compra.

Para demostrar seguridad lo mejor son respuestas cortas y contundentes y es lo que el cliente requiere en este momento. Un ejemplo que Miguel tenía muy trabajado era:

"Entonces si instalo vuestro sistema de lavado solo voy a rellenar una vez al mes y además tendré control preciso del coste, ¿verdad?".

"Si, correcto. [Cinco segundos de silencio] *¿Vas a pasar tú un pedido o lo hacemos en uno de estos formularios que tengo aquí?".*

6) **de Cierre**. Se enfocan en aspectos definitorios para la compra. Son muy parecidas a las de confirmación, pero centradas en aspectos que no son del producto: condiciones de entrega, plazos de pago, garantías, etc. Debemos preguntar si eso esa es la última duda antes de responder.

Las de los 3 primeros tipos son pasos a resolver hacia la venta.

Tras resolver alguna informativa debemos hacer una pregunta de opción múltiple (tantear el posible cierre)

Tras resolver una de confirmación, tenemos que hacer una pregunta de cierre (cerrada pidiendo la compra)

Cuando se nos de alguna de cierre y la respondamos actuamos como si la venta se ha cerrado y comenzamos "el papeleo".

Resumiendo, el proceso de Miguel para este día era:

1. Posicionamiento y resolución de objeciones de capacidad de toma de decisión, si las hubiera.

2. Presentación de la oferta técnica y confirmación de la adecuación.

3. Presentación de la oferta económica. Aquí ya solo debiera haber objeciones de precio o condiciones

4. Cierre del primer pedido.

Intenta siempre presentar el precio después de haber confirmado que tu producto soluciona lo que el cliente busca

---

Capítulo 30 - El momento de crecer

Miguel estaba ilusionado, entusiasmado más bien, con lo que había realizado y deseaba ponerlo en práctica.

Dice Víctor Kuppers en sus conferencias y en sus libros que hay personas que son como "bombillas con patas", que van por la vida alumbrando allá por donde pasan. Miguel se había convertido en una de esas personas. Irradiaba y contagiaba energía, buen ánimo y optimismo.

Muy pronto comenzó a tener resultados. Al comienzo no eran grandes pedidos, pero todos los distribuidores con los que llegaba a la tercera jornada de su proceso comenzaban a trabajar con él, aunque fuera solo con un producto.

Fernando avanzaba con el limpiador de planchas en frío y comenzaba a tener resultados muy esperanzadores.

Don Julio, viendo que las cosas avanzaban muy bien no subió después del puente del 12 de octubre como había dicho, sino que decidieron entre los tres que era mejor dejarlo para finales de año.

Fueron semanas de mucho estrés y trabajo bajo presión: nuevos pedidos, algunos errores, solicitudes de mayor información y productos por parte de los nuevos clientes y, sobre todo grandes expectativas de negocio. Momentos en los que solo te preocupas de sobrevivir, pero que, al menos, son muy rentables en términos de resultados.

A comienzos de diciembre y aprovechando cinco días festivos seguidos el antiguo propietario estuvo con ellos. La situación era compleja por el crecimiento que estaban teniendo y el que sabían que llegaría. Necesitaban invertir en maquinaria y personas. El problema es que no tenían ni dinero para las primeras, ni tiempo para las segundas.

Dedicaron dos días a trabajar en ello sin interrupciones y elaborar un plan de ataque. La inversión necesaria era importante y urgente y había que realizarla. Se dieron unos días (hasta el final del periodo festivo para estudiarlo).

Las dos semanas siguientes volvieron a ser muy exigentes en cuanto a trabajo. El equipo estaba comprometido y se entregaba al 100 %, pero eso no podía durar mucho tiempo. Había que tomar acciones. Entre don Julio y Fernando contactaron con conocidos y proveedores. Encontraron maquinaria de segunda mano en muy buenas condiciones y precios y, lo más importante, de disposición inmediata.

Miguel se encargaba de buscar financiación para las mismas. No era tarea sencilla. Los bancos pueden prestar dinero si el proyecto es interesante y las personas que están detrás competentes, pero tienen sus plazos, que nunca son tan rápidos como queremos y eso desesperaba a los tres.

Los importes conseguidos de financiación entre proveedores y entidades financieras no cubrían ni la mitad de lo que necesitaban y además con tipos de interés muy elevados (es lo que tienen las prisas, que si el banco las olfatea -y tienen una especial habilidad para ello- pone un precio caro).

"Chicos, ¿vosotros disponéis de algo de dinero para poner en este proyecto?" Les preguntó don Julio.

"Por mi parte, no. Además, no tengo capacidad de endeudamiento personal, ya la cubrí toda para la compra de la empresa. Lo siento", dijo Fernando.

"Yo sí dispongo de algo, que puede llegar a ser algo menos de la mitad de lo que nos queda. Y estoy dispuesto a ponerlo. Incluso podría endeudarme por el resto y que se haga una ampliación de capital y suscribirla yo", propuso Miguel.

Aquello no gustaba nada a Fernando, que no quería ceder mayor parte de la sociedad de lo que había acordado. Julio rápidamente lo vio en su comunicación no verbal y terció

"Creo que no es el momento de ampliaciones de capital. Mucho papeleo, discusiones para fijación de justiprecio y temas formales. Yo sí dispongo del dinero que os falta y lo cierto es que la rentabilidad que le estoy obteniendo es ridícula. Estoy dispuesto a hacer un préstamo a la sociedad en las condiciones que os ha propuesto el banco. Creo que ambas partes obtendremos beneficio".

La sonrisa de Fernando no dejaba lugar a dudas de que esa propuesta era de su agrado.

"Por mi parte me parece muy interesante. Fernando, ¿aceptamos la propuesta?".

"No perdamos más tiempo. Hagamos los papeles, pidamos las máquinas y tú, Miguel, comienza a buscar dos comerciales para incorporar cuanto antes".

Todo se puso en marcha. Es increíble lo que un buen modelo comercial puede hacer en una empresa.

Un buen modelo comercial es una de las herramientas imprescindibles para el crecimiento de una empresa. Y cada empresa debe de trabajar sobre el suyo propio

---

Capítulo 31 - Resumen y conclusiones

Seguramente ahora estás pensando que has recibido mucha información sobre un proceso de ventas y tengas un pequeño maremágnum de ideas en la cabeza. Voy a intentar hacer un resumen de todas ellas para facilitarte una mejor comprensión de lo que he querido transmitir en este libro y te ayude en tu día a día en la venta.

Comenzamos el libro con la historia -real, aunque con los nombres cambiados y alguna pequeña licencia de escritor en cuanto a su exacto desarrollo- de Miguel en la empresa de don Jaime. Este último, como muchos propietarios y directivos lo quieren todo y lo quieren ya. Apuestan por el corto plazo en vez de por las cosas bien hechas. No tienen la paciencia suficiente para trabajar de forma adecuada y eso mismo les impide crecer.

Hacer un trabajo comercial consistente se basa en:

a) Conocer en qué somos mejores que otros -o podemos llegar a serlo-.

b) Saber qué quiero vender.

c) Saber a quién quiero venderlo.

d) Diferenciarme de la competencia.

e) Posicionarme en el mercado creando marca que nos facilite la venta.

f) Fijar unos objetivos realistas.

g) Definir qué tengo que hacer para alcanzarlos.

h) Definir cómo tengo que hacerlo.

i) Asegurarme de que se hace lo previsto.

j) Controlar los resultados.

k) Ajustar la actividad.

Como todos los aspectos de la vida profesional, nada es eterno y lo que no mejora, empeora. No podemos quedarnos quietos, tenemos que estar en mejora continua. Para ello utilizaremos el sistema PECA (Planificar, Ejecutar, Controlar y Ajustar) que detallamos al final del capítulo 7.

Tras su salida de esa empresa, Miguel trabajó en mejorar uno de sus puntos débiles (según algunos jefes que había tenido): el cierre. Se dio cuenta de que hay dos aspectos en el mismo: el momento exacto de pedir que te compren y todo el proceso anterior para llegar allí sin más objeciones que el precio, que es la más manejable. Si has hecho las cosas bien, y si has generado el deseo (beneficios) suficiente, no tiene incluso, ni por qué aparecer esa objeción de precio.

En el siguiente trabajo le sucedió lo opuesto: sus jefes se preocupaban de hacer las cosas bien, aunque eso no siempre es sinónimo de felicidad eterna. Gracias a su proceso de ventas -que acabamos de reflejar un poco más arriba- conseguía más clientes de los que podían atender y no siempre es sencillo gestionar el crecimiento. Si vas a trabajar el largo plazo de forma consistente, asegúrate de que podrás abarcar una mayor dimensión de tu empresa.

Tuvo un momento de duda para el futuro: la aparente seguridad de una empresa consolidada o un proyecto incipiente. Eligió aprender y vivir, aunque a corto sea lo más duro, a largo es lo que te hace crecer y recuerda que tu mayor seguridad está en ser mejor profesional de las ventas.

En el nuevo proyecto trabajó de antemano todo el proceso comercial (ver capítulo 19 en donde se detalla cada uno de los puntos arriba reflejados) y detalló posibles procesos comerciales en función de segmentos de mercado (capítulo 23), así como los cuadros de característica, ventajas y beneficios (capítulo 24), pero, aun así, se seguía encontrando con problemas de cierre. Para ello diseñó un proceso que le facilitara el mismo (toda empresa debe de tener el suyo e irlo puliendo y mejorando).

Miguel lo dividió en 3 días (aunque pudiera haberse hecho en solo uno, pero entendía que esto le facilitaba la venta)

Día 1.

1. Primera toma de contacto para ver si puede haber interés mutuo. Si lo hay se acuerda una cita para otro día en donde se dispongan de al menos dos horas

Día 2.

2. Posicionamiento y presentación. Miguel hará una presentación formal de la empresa y sus productos más emblemáticos.
3. Recogida de información. Preguntas abiertas.
4. Calibrar la posible mejora y beneficios. Preguntas reflexivas.
5. Enfoque y posible aportación el cliente. Preguntas directivas.
6. Medición de la posible propuesta. Preguntas de tanteo.

Día 3.

7 Confirmación de lo entendido el día anterior.

8 Presentar la solución

9 Confirmar la adecuación e interés de la misma

10 Presentación de la oferta económica

11 Petición a la acción

12 Resolución de objeciones

13 Petición a la acción

14 Cierre o concertación de seguimiento posterior.

Junto con el proceso detalló los puntos a tratar en cada uno de ellos y como hacer los diferentes tipos de preguntas (abiertas, reflexivas, de enfoque, de tanteo y de cierre. Ver capítulo 26 y 27).

Entendió que la mejor forma de vender es tener claro que objeciones van a salir y trabajarlas de antemano, no improvisar. Algunas hasta las puedes provocar si te interesa que salgan (capítulo 28).

En el capítulo 29 vemos cómo presentaba Miguel las ofertas, de modo que cuando llegara a la petición de compra ya tuviera la mayoría de las objeciones resueltas.

Si no lo hacemos así -que es lo que sucede a muchos comerciales- nos encontraremos en ese momento con muchas objeciones sin resolver -y muchas de ellas absolutamente reales-. Eso crea una tremenda inseguridad en la mente reptiliana del comprador (en el capítulo 18 se explica lo del cerebro triuno, tremendamente útil para un vendedor), ya que ve demasiados frentes, demasiadas dudas y su cerebro primitivo le dice "aléjate de lo complejo", lo que dificulta la toma de decisión y busca un pretexto, una excusa para no hacerlo y además se parapeta tras ella.

Cuando tenemos un proceso que vaya resolviendo las dudas sobre la marcha, al final, en los momentos en que "se decide el partido" habrá pocos aspectos que aclarar y nos podremos centrar en reforzar las ventajas y beneficios de nuestra propuesta, en vez de dedicar ese tiempo a resolver dudas que no llevan a buen puerto.

Ten un proceso que vaya resolviendo todas las objeciones antes de hacer la pregunta de cierre y que, si hay alguna al final, sea un tema de ajustes o condiciones.

Eso sí, tú tienes que dominar el proceso y no éste a ti. No hay nada peor que un vendedor que sigue un guion, independientemente de lo que diga el cliente. La forma de interiorizarlo es entrenarlo, en sala previamente y haciendo muchas visitas seguidas en poco tiempo con objeto de aprehenderlo.

Seguramente tienes muchos frentes abiertos en tu cabeza. Te voy a proponer un proceso que te va a llevar alrededor de 30 minutos en la primera fase. Comiénzalo cuando los tengas. Es un tiempo que se puede sacar a lo largo de hoy o mañana.

Coge papel y bolígrafo y sigue estos pasos:

1. Lista todos los puntos sobre los que tienes que trabajar.

2. Pon una prioridad del 1 al 10 a cada uno de ellos.

3. Elige los de mayor prioridad (10, 9 y 8) y vuelve a priorizarlos.

4. Tendrás ahora un listado reducido de los aspectos que más valor te van a aportar.

5. Descansa. Tienes la primera fase del proceso hecha. Agenda el siguiente momento de 30 minutos.

6. Toma esos aspectos prioritarios y desglósalos en tareas de no más de 30 minutos. Agenda cada una de ellas en un momento concreto a lo largo de los siguientes 14 días.

7. Cumple con el plan y en dos semanas habrás dado un salto de gigante en tu proceso de ventas. Con ello te llegarán los resultados a medio plazo, te lo aseguro.

Hemos llegado al final del libro. Espero que hayas disfrutado del mismo y te haya resultado más entretenido seguir la historia de Miguel que haber tenido que leer toda esta información en un ensayo. Si así ha sido te agradecería muchísimo que dejaras tu opinión en las plataformas digitales, sobre todo en Amazon, ya que ayuda muchísimo a la difusión de esta obra.

Por cierto, si tienes cualquier duda, pregunta o comentario, me tienes a tu disposición para aclararlo en mi correo electrónico info@santiagotorre.com o a través de las redes sociales:

Twiter @santiagotorre

Linkedin https://www.linkedin.com/in/santiagotorrecoachempresa/

Facebook https://www.facebook.com/santiago.torreescudero

Y por supuesto en mi página web: www.santiagotorre.com

Made in United States
Orlando, FL
09 March 2025